통계적 사고 중심의 경영혁신

김강희

서울경제경영

| 저자소개 |

김 강 희

국제공인품질전문가(CQE), 국제공인신뢰성전문가(CRE)이자 AIAG(The Automotive Industrial Action Group) MSA(측정시스템분석), SPC(통계적 공정관리) Specialist이다. 현재는 LG화학 생명과학본부 경영전략담당 경영혁신팀에 근무 중이며 의약품 제조나 품질관리에 관한 규칙(GMP; Good Manufacturing Practice) 및 의약품 설계 품질 고도화(QbD; Quality by Design)에 통계적 기법을 적용하는 일을 하고 있다. LG전자 VC사업본부에서 6시그마 추진담당을 하였으며, 국내에 모든 사업장을 포함하여 중국, 러시아, 폴란드, 브라질, 터키 등 해외법인의 6시그마 강사로서 활동하기도 했다. LG전자 MC본부에서 수여하는 우수연구원상과 최우수Task활동상을 포함하여 2017년 LG전자 최우수 사내강사 수상 경력을 자랑한다. 미국 GM(General Motor)사로 부터 문제해결전문가(Red X)로 인증을 받았고, LG그룹 MBB(6시그마 최고 전문가)로서 GB와 BB, MBB를 육성하고 있고, 샤이니 시그마를 개발하여 국내외에 전파하고 있으며, 현장에 적합한 샤이니 시그마 기법과 빅데이터와 6시그마를 결합한 빅데이터MBB 육성을 제안한 논문이 각각 한국품질경영학회에서 우수발표논문상을 수상한 바 있다. 한양대학교에서 전자통신공학 공학석사학위를 취득하고, 서울과학종합대학원대학교(Seoul Business School, aSSIST)에서 경영학 박사학위를 취득했다. www.assist.ac.kr

본 도서는 서울과학종합대학원대학교 박사학위논문을 바탕으로 재편집된 것입니다.

들어가는 말

나이가 들면 변하는 것을 싫어한다는 말이 있다. 그것은 나이가 들어 생기는 현상이 아니라, 이미 다 해보았기 때문에 안 해도 된다는 뜻으로 그렇다고 한다. 간혹 조직 안에서도 연배가 있는 구성원들이 적극적이지 않고 다 해봤다고 소극적인 자세를 취하는 것도 이 맥락이다. 조직생활을 하는 사람이라면 선배 세대들이 이런 말을 했던 것을 자주 들었을 것이다. '다 해봤어.' '안 해 본줄 알아?' '안 돼. 안 돼.' '쉽지 않아.' 그나마 이런 말은 긍정적인 축에 속한다. '지금 그걸 말 이라고 해?.' '하지 마! 하지 마세요!' 내심 잘 안되길 바라는 마음도 담은 말처럼 들리기도 하다. 변하는 것을 싫어하는 사람이 혁신을 말할 수 있을까? 혁신을 추진하는 사람이 이런 사고를 가진 사람이라면 그 조직은 그 회사는 어떻게 될까? 혁신적이지 않은 사람이 기업의 혁신을 추진하고 있다면 어떻게 될 것이라고 생각을 하는가?

혁신적이지 않은 사람은 자기가 알고 있는 지식과 방법론이 전부이다. 그러니까 자신이 쓸 수 있는 도구가 망치라면 모든 문제를 못으로 본다. 아니. 못으로 봐야한다. 모든 문제는 못이라고 우기게 된다. 결국 문제는 하나도 풀지 못하고, 오히려 미궁으로 빠트려 곤란에 처하게도 한다. 그러면서 사람들이 제 말을 잘 듣지 않는다고, 그래서 문제 해결이 안 되고 미궁에 빠진 것이라고 책임을 전가하고 자기는 쏙 그 문제에서 빠져나간다.

문제가 못이 아닌데도, 나사 못, 철 못, 나무 못, 플라스틱 못 등 다양하고 각양각색의 못을 잘 박는 망치를 스스로 공부하고 공부한 것을 잊어버리기 전에 조직원들에게 가르친다. 그러면서 잘난 체 한다. 나무 못을 아느냐? 들어는 봤느냐? 당연히 모르겠지. 나도 처음 들었으니까. 나무 못은 이렇게 박아야 된다. 그런데 말이다. 나무 못을 모르는 이유는 나무 못이란 게 세상에 없기 때문이고, 그런 데에는 그만한 이유가 있다. 바로 필요 없기 때문이다. 필요 없는 것을 자신의 지식을 자랑하려고 조직 내에 가르치고 있다.

6시그마는 반세기 이상 전 세계적으로 활용되고 적용되어 온 유일한 경영혁신기법이다. 한 때는 포춘지에서 선정한 100대 기업 중 80% 가량이 6시그마를 경영혁신기법으로 채택했었다. 6시그마는 감이나 경험이 아닌 데이터를 가지고 중요한 의사결정을 하자는 통계적인 방법이 주축을 이룬다. 통계는 과학이다. 6시그마는 과학적인 경영혁신기법이다. 그런데 지금은 특히 우리나라에서는 많은 직장인들이 6시그마를 병적으로 싫어한다. 쓸데없는 짓이라고도 한다. 왜 그럴까? 한국 사람이 특별히 부정적이고, 혁신적이지 않아서 그런 것일까? 그건 아닐 것이다. 혁신적이지 않은 사람이 혁신을 추진해서이고, 6시그마를 모르는 사람이 6시그마를 가르쳐서이다. 사람은 누구나 변화를 싫어하고, 혁신에 저항하는 마음이 있다고 하는데, 아니다. 그 변화가 필요하고 도움이 된다고 판단이 되면 서로 배우고 싶어 하고, 적용하고 싶어 할 것이다. 파이썬이나 R을 가르쳐 준다고 하면 그것을 어디에 사용해야 할지 목적이나 목표가 없어도 배우려는 사람들로 북적인다.

6시그마 자체도 혁신이 필요한 시기이다.

통계(統計)라는 말 자체가 모와서 계산한다는 의미다. 모두 모와서 계산하기 어려우니 일부 데이터만으로 모든 데이터를 추측하고 예상하는 것에 익숙해져서 통계란 모집단에서 일부 추출한 샘플링한 데이터를 가지고 분석하고 의미를 찾아 모집단을 설명하기 위해 사용했다. 틀릴 확률이 없지는 않았지만 유의미한 분석 결과를 보여주는 방식이다. 적은 수의 데이터로 전체를 예측하고 판단할 수 있으니 이보다 좋은 수단이 어디 있을까? 슈하르트 박사는 통계의 장점을 이미 1924년 이전에 알고 계셔서 관리도라는 것을 생각해 낸 것이라고 확신한다. 연속형 데이터로 측정되는 데이터의 안정적인 상태를 진단해 볼 수 있는 가장 합리적인 통계적인 방식. 거의 100년이 다 되 가는 시점인데 아직 우리 산업계에서는 이 방법을 사용하고 있다.

전체 데이터를 측정하는 데에는 많은 비용과 시간이 소요되었다. 통계적인 기법을 활용하면 그럴 필요도 없었다. 모집단을 대표할 수 있는 샘플링하는 방법을 알면 되었고, 샘플링한 데이터가 모집단을 대표할 수 있다고 분석할 수 있으면 되었다. 이처럼 합리적이고 과학적인 방법을 산업계에서 적용한 것이다. 단순히 일을 적게 해서 효율을 따지자는 문제가 아니다. 모두 측정해서 정확한 데이터를 가지고 이야기해야 하는 거 아닌가? 하는 의심을 하는 분들도 있다. 일리 있는 말이다. 그런데 전체를 측정하는 게 불가능할 수도 있고, 그러한 행위가 불필요한 경우도 있다. 가령 대한민국에 사는 30대 남성의 평균키를 알아보고 싶다. 전부 잴 것인가? 전부 재야 정확하니까. 여기서는 몇 가지 문제가 발생한다. 그 중 하나는 그럴 수도 없고, 그럴 필요도 없다는 것이다. 다른 하나는 많이 측정하면 정확하다고 생각하는 그 생각이 틀렸다는 사실이다. 버니어캘리퍼스로 종이컵의 직경을 재는 것도 잴 때마다 다르다. 실제 종이컵들의 직경이 달라서 생기는 경우도 있고, 잴 때마다 틀리게 재서 값이 다를 때도 있을 것이다. 측정오차라고 말한다. 버니어 캘리퍼스로 종이컵의 직경을 재는 단순한 측정도 틀릴 확률이 있다. 이러한 이유로 측정시스템분석(Measurement System Analysis; MSA)이라는 학문분야도 있고, 산업계에서 전문가로 인정하는 자격제도도 있다. 그만큼 중요한 것이라는 의미다.

산업계에서 사용하는 통계적인 기법들을 한 데 모은 게 6시그마라고 했던 경영혁신 기법이다. 기초적인 기술통계(Descriptive Statistics)부터 그래프 분석, 가설 검추정, 실험계획법까지 많은 것을 포함하고 있다. 6시그마는 통계를 근간으로 한 과학적인 기법이다.

지금까지의 우리 기업들은 더 싸고, 더 튼튼한 품질의 좋은 제품을 만드는 데 많은 노력을 기울여 왔다. 좋은 원자재와 기술력 그리고 값싼 노동력을 투입하여 경쟁력을 갖추었다. 검증된 과학적 기법인 6시그마를 통해 품질 관리와 개선에서도 많은 성과를 내고 좋은 품질의 제품으로 경쟁력을 갖추는 데 큰 기여를 하였다. 6시그마는 프로젝트로 프로세스를 개선하는 성과 중심의 검증된 일하는 방법으로 1980년대 모토로라의 혁신분야 조직책임자 마이클 해리에 의해 주창되었다. 당시 산업계의 주류라고 할 수 있는 인쇄회로기판을 근간으로 한 H/W 분야와 제품의 외관을 구성하는 기구 분야의 품질문제 개선 방법론으로 개발되어졌고, 모토로라의 경우 1987년부터 1992년까지 5년간 제조 공정의 불량률을 6,000PPM(Parts Per Million)에서 20PPM으로 줄였고, 제조부문에서 24억불, 비 제조부문에서 10억불 등 총 34억불의 비용을 줄일 수 있었다(Choi et. al, 2007).

지금까지 기업들은 제품의 혁신과 공정의 혁신이 중요했다. 4차 산업혁명(Industry 4.0, Industrie 4.0, 4th Industrial Revolution)의 주요 키워드는 하드웨어와 소프트웨어의 결합이다. 모든 사물이 인터넷과 연결되고, 현장은 데이터가 지배한다. 4차 산업혁명 시대에서는 고객의 요구를 충족하는 것을 뛰어 넘어 고객의 행복을 추구하는 똑똑한 제품과 공장이 필요한 시기이다(Schwab, 2016). 4차 산업혁명시대의 현장은 스마트팩토리다. 스마트팩토리가 구현된 현장에서는 그 어느 때보다 적은 불량이 발생할 것으로 예상된다. 이때의 현장에서는 적은 수의 표본(Sample)을 가지고 신속하게 의사결정을 해야 한다.

6시그마 방법론은 2000년을 전후로 하여 전 세계로 확산되었는데, 국내에는 약

20년 전 LG전자가 국내 최초로 도입하여 대기업을 중심으로 급속히 확산되었다(Hwang et al 2006, Hong et al, 2003). 2005년에는 Fortune지 선정 글로벌 500대 기업 중에서 6시그마 추진을 공식화한 기업이 200개 이상이라고 조사된 바 있다. 현재 6시그마는 다양한 산업 군으로의 적용을 통하여 방법론이 다양하게 발전하였다(Park et. al, 2006).

그러나 6시그마는 대기업들의 경영성과를 통해 우수한 검증된 기법임에도 불구하고 지금은 과거와 같이 적극성을 띄고 추진되고 있지 않은 상황이다. 단기적인 성과나 새로운 혁신기법에만 관심을 두는 경영자들에게도 원인은 있지만, 외국 기업으로부터 받아들일 때 충분한 이해를 갖지 못한 상태에서의 모방을 했거나, 조직과 개발하는 제품의 특성에 맞게 불합리한 사항과 미비사항을 파악하여 보완하지 않고, 조직의 기본 여건을 고려하지 않은 상태에서 추진하여 실효성의 한계가 나타났기 때문이다(Moon, 2015). 4차 산업혁명시대에 들어선 지금의 기업 환경에서는 과거의 전통적인 6시그마 방법론으로는 한계점이 있다.

6시그마 방법론은 2가지 영역에서 커다란 한계점을 가지고 있다.

첫째, 현장에서는 적은 수의 표본(Sample)을 가지고 신속하게 의사결정을 해야 하는데 6시그마 방법론은 소수(Very few)데이터에 대한 분석에 어려움이 있다. 개선효과를 확인하기 위한 쌍체 검정(Paired T-Test)에도 1~2개의 데이터로는 충분한 검증 효과를 알 수 없다고 판정한다. 더 많은 불량 데이터를 확보하기 위해 기다려야 하는 것일까. 더 많은 불량 데이터를 유발하여 확보해야 하는 것일까. 현장에서 발생된 소수의 데이터로도 원인분석을 하고 신속하게 개선을 할 수 있어야 한다.

4차 산업혁명시대는 빅데이터 분석의 시대이고, 모든 제조공정도 지능화되어 문제는 더 감소될 것으로 기대되고 있다. 불량률도 현저히 감소될 수 있고, 실제 불량을 일으키는 제품은 공정 당 1~2개가 나타날 수 있다. 이 때 현재의 6시그마는 적절한 원인 분석을 제공하지 못한다. 또한 과제를 수행하기 위해서는 통계적인 지식이 있어야 하고, 통계분석 프로그램도 사용이 가능해야 한다. 불량 원인을 신속하게 분석해서 조치를 하고, 생산해야 하는 현장에는 현재의 전통적인 6시그마 방법론은 적절하지 않다(Kim, 2017).

기존의 6시그마 기법이나 통계적 기법들은 불량이나 문제에 대한 접근을 불량 제품과 불량을 유발하는 공정이나 통제되지 않은 이상원인(Special Cause)의 발견에만 초점을 맞춰왔다. 복잡한 통계지식과 통계적 기법을 활용할 수 있는 SW프로그램을 활용할 수 없다면, 적용하기가 어려운 점이 있다. 이 책에서 다룰 샤이니 시그마는 이러한 단점을 해결해 준다(Kim, 2017).

둘째, 3V(Volume, Velocity, Variety)의 특징을 가지는 빅데이터를 활용해야 하는 과제에서 6시그마는 빅데이터 분석이 어렵다. 6시그마는 표본(Sample)을 가지고 모집단(Population)을 추정(Estimation)하는 통계적인 방법을 사용하는데, 전수분석이 가능하기에 통계적 검정 시 가설을 채택하거나 기각해야 하는 상황에 따른 잘못 판단할 확률은 발생하지 않는다. 빅데이터 분석에는 적합하지 않다는 단점이 있는 방법론이다. CTQ(Critical To Quality)에 영향을 줄 수 있는 후보인자가 아주 많은 경우에는 후보인자 간의 비선형적 관계 파악이 어렵고, 다중공선성 문제가 발생할 가능성이 커지고, 해석결과는 오류가 있을 가능성이 커진다. 문제에 대한 정의가 명확하지 않을 때도 사용하기 어렵다. 많은 후보인자 간의 원인의 복잡성으로 인하여 그 인과관계를 규명하기 어려울 때가 많이 존재하는데, 기존의 통계적인 분석방법으로는 해결이 어려울 수도 있고, 많은 시간이 필요하다(Kim, 2018).

데이터의 폭발적인 증가와 데이터의 수집과 저장 및 데이터의 조회나 관리가 자동화되는 4차 산업혁명 시대는 수집된 데이터를 가공하여 원하는 형태로 정리가 가능하다. 다양한 형태의 데이터를 분석하고 해석하여 얻게 되는 정보를 유용한 지식으로 도출하고 새로운 가치를 창출할 수 있는 방법을 빅 데이터 분석을 통해 얻을 수 있다(Kim, 2018). 생산자와 공급자나 소비자가 잘못 인식하는 문제에 대해서도 명확화할 수 있고, 공정 변동의 검출력을 강화하고 이상원인의 분석 능력을 향상 시키고, 설비 간의 차이를 비교할 수 있다(Kim, 2017).

빅데이터를 6시그마에 접목하여 4차 산업혁명에 적합한 6시그마의 새로운 방향을 제시하고자 빅데이터 분석에 필요한 역량을 6시그마 MBB에게 교육하여 현업에 활용 가능한 빅데이터MBB의 육성이 필요하다.

4차 산업혁명시대, 빅데이터시대, 스마트팩토리시대의 도래와 기존의 6시그마 방법론이 현 시점에서 분명한 한계가 있다는 사실이 책을 쓰는 배경이다.

저자의 6시그마 강의를 들은 LG전자나 LG전자 협력사 그리고 LG화학 직원들은 저자를 통계학이나 산업공학을 전공한 사람으로 생각하는 경우가 많다. 그 어려운 확률분포나 통계이야기를 너무 쉽게 설명하기 때문에 소위 말하는 고수(高手; 어떤 분야나 집단에서 기술이나 능력이 매우 뛰어난 사람)로 인식을 하는 것 같다. 그러나 통계학도 산업공학 전공자도 아니다. 전자통신과 컴퓨터공학을 전공한 공학도이고, 전자통신공학 전공으로 석사학위를 받았다. LG전자에서는 신입사원을 대상으로 디지털 통신공학(Digital Communications)사내 강사를 했었다. 선형시스템 분석을 위한 푸리에 기법과 푸리에 급수 변환, 적분 변환. 시간 컨벌루션과 주파수 컨벌루션의 특성과 함수와 단위 임펄스의 컨벌루션. 이산 형태의 Bayes 정리. 표준 라플라스 변환과 성질 전달 함수. 디지털 필터 전달 함수. 무한 임펄스 응답 필터 설계를 위한 역방향 미분 연산자를 열심히 가르치고, 이러한 매핑은 고주파에서는 잘 맞지 않으므로 고주파 필터를 만드는 데는 이용할 수 없고, 거의 이용되지 않는다고 설명을 했었던 기억이 난다. 지금 생각하면 쓰지도 않을 것을 왜 가르쳤고, 이야기 했는지 잘 모르겠다. 당시에는 그리 좋은 사내 강사는 아니었다. 가르치는 컨텐츠도 어려웠지만, 내가 아는 지식을 자랑했던 게 아닌가 하고 돌아 보곤 한다. 회사는 공부하는 곳이 아니다. 회사는 일하는 곳이고, 회사에서 받는 교육은 일을 더 잘하기 위한 것이지 학습 그 자체에 의미를 두어서는 안 된다. 간혹 사내교육을 하면서 수강생들이 들락날락 거리는 것을 눈엣 가시처럼 여기는 사내 강사들을 보는데 그럴 필요가 없다. 일 때문에 오는 전화를 받기 위해 강의장을 나가는 것은 어쩔 수 없는 일이다. 오히려 업무 때문에 오는 전화를 꼭 받으시라고 하고 불편하지 않게 해주어야 한다. 공부만을 위한다면 회사가 아니라 학교를 다녀야 하고, 그렇게 생각하는 강사도 학교로 떠나야 한다.

6시그마 강사로서 통계적 사고 방법과 통계수법들을 회사 업무에 잘 적용하고 활용할 수 있도록 눈높이 강의를 하였다. 그랬더니 교육만족도 지표로 활용되는 NPS (Net Promoter Score)가 100%가 나온 적도 여러 번이 있다. 1점에서 10점까지 강사에 대한 만족도를 응답하는 설문에 강의를 들은 수강생 전원이 10점 만점을 주는 경우에 NPS가 100%가 나온다. 확률적으로 거의 불가능하다. 어지간히 만족하지 않은 이상 10점은 잘 주지 않는다. 이 책은 다양한 배경을 가진 저자가 6시그마 강사로서 6시그마 경영혁신 기법을 추진하면서 느끼고 배운 점들을 나누면서 6시그마에 대한 고착화된 잘못된 인식과 오해를 이해의 범주로 이동시켜드리고자 한다. 그리고 소위 4차 산업혁명시대라고 하는 작금의 시대와 앞으로를 대비하는 차원에서 6시그마는 어떤 변화를 가져야 할 것인가에 대한 저자의 생각과 박사학위 논문을 작성하면서 개발한 소수의 데이터 분석기법인 '샤이니 시그마'에 대해 설명을 하고자 한다.

샤이니 시그마(Shiny Sigma)는 이 기법이 6시그마의 빛과 같은 희망이 되어 6시그마가 지속적으로 발전하길 바라는 마음을 담은 작명이고, 저자의 이름 김강희(金江熙)의 희(빛나다)에서 따온 것이기도 하다. 독자들의 이해를 돕고자 샤이니 시그마를 각 단계의 앞 자를 따서 SNOOPY(스누피)라고 6단계로 정리를 하였고, 이 책도 샤이니 시그마 6단계를 자세히 설명하였다.

샤이니 시그마의 1단계는 문제 선택(Select Problem)이다. 샤이니 시그마에서의 문제를 바라보는 관점 3가지에 대해 설명하고, 문제를 표현하는 데이터의 측정 척도에 따라 문제의 유형을 구분하는 것에 대한 설명을 하였다. 2단계는 비교대상 선정(Need Best and Worst)이다. 샤이니 시그마의 기본원칙과 개념. 그리고 Best/Worst 선택 방법과 활용방법에 대해 다루었다. 3단계는 Big X 탐색(Observe Big X)이다. Big X의 개념과 Big X를 탐색하는 기법인 공정탐색(Operation Search)과 부품탐색(Component Search)에 대해 설명하고 활용방법에 대해 다루었다. 4단계는 Big X 확정(Obtain Big X)이다. 탐색단계에서 도출된 Big X 후보들을 Big X로 확인(Confirm)하는 단계로서 BSI(Big X Selection Index)의 개념과 설명. Big X를 확정하기 위한 도구인 대응비교(Paired Comparison)와 그룹비교(Group Comparison)를 설명하고 활용 방법에 대해 다루었다. 5단계는 제품에 적용하는 단계(Product Application)이다. B/A(Before, After)Test에 대해 다루었다. 끝으로 6단계는 유지(Yield Check)단계다. 개선하여 적용한 상태가 잘 유지되고 있는지 모니터링하고 점검하는 단계이다.

샤이니 시그마가 스몰데이터 분석을 위한 방법론이라면, 빅데이터 분석을 위하여 빅데이터MBB(Master Black Belt)육성에 대해 제안하였다. 빅데이터 분석 능력을 갖춘 빅데이터MBB의 육성 방안을 소개하고자 한다.

각 기업의 경영혁신을 담당하는 부서나 사람들에게 일천한 지식을 나눈 이 책이 미미하더라도 도움이 되었으면 한다.

목 차

제1부 통계적 사고(統計的 思考)

제1장 품질

강의를 하면서 LG그룹의 직원들에게 6시그마를 아느냐는 질문을 초반에 반드시 한다. 이런 질문은 주위를 환기시키는 역할을 하는데, 스스로들 생각하게 만든다. 6시그마가 뭐지? 의외로 사람들은 6시그마가 뭔지 설명하지도 못하면서 필요 없다고 한다. 쓸데없다고 한다. 도움이 되지 않는다고 한다. 뭔지도 잘 모르면서 어떻게 그렇게 말할 수 있는가?

1. 품질의 정의

6시그마를 이야기 하려면 일단 품질에 대한 정의부터 알아야 한다. 품질을 안정화되도록 관리하고, 품질이 좋아지도록 개선하는 것이 6시그마이기 때문이다. 그리고 그런 활동을 통계적인 방법을 사용한다는 게 핵심 중 하나다. 즉 과학적인 방법을 사용하여 품질을 관리하고 개선하는 것이 6시그마활동이다. 품질의 관한 정의는 생산자/기업 관점, 소비자/고객 관점, 사회 관점으로 제시될 수 있다(Lee, 2013). 〈표 1〉에서와 같이 크로스비는 품질을 요건에 대한 일치성으로 품질을 정의해야 한다고 주장하였다(P.B. Crosby, 1979). 크로스비의 품질 정의를 인용하여 기업 내부 측면에서 세게찌는 '시방과의 일치성'으로 품질을 정의하였다(H.D. Seghezzi, 1981). 쥬란은 품질을 '용도의 적합성'이라 정의하였다(Juran, 1980). TQC(Total Quality

Control)의 주창자인 파이겐바움은 "품질이란 제품이나 서비스의 사용에서 고객의 기대에 부응하는 마케팅, 기술, 제조 및 보전에 관한 여러 가지 특성의 전체적인 구성"이라고 정의하였다(A.V Feigenbaum, 1983). 쥬란을 도와 품질경영 발전에 기여한 그리나 2세는 공동저서를 통해 '품질은 고객만족'이라고 정의하였다(J.M Juran and F.M Gyrina, Jr, 1993).

사회적 관점에서의 품질 정의가 제시된 것은 품질의 영향력이 커진 1980년대 후반 이후다. 한국산업규격(KS)의 품질관리 용어에서 품질을 '물품 또는 서비스가 사용목적을 만족시키고 있는지의 여부를 결정하기 위한 평가의 대상이 되는 고유의 성질 성능의 전체'라고 정의하고 있다(Lee, 2013).

국제표준화기구(ISO)에서는 품질을 "실체가 지니고 있는 명시적 내지 묵시적 요구를 만족시키는 능력에 관계되는 특성의 전체"라 정의하였다. 개정된 ISO 9000:2000의 품질경영시스템-기본사항 및 용어(Quality Management Systems - Fundamentals and Vocabulary)에서는 품질을 "고유특성의 집합이 요구사항을 충족시키는 정도(Degree to which a set of inherent characteristics fulfils requirments)."로 정의하고 있다.

품질이란 제품을 비롯한 서비스/시스템/프로세스가 지닌 일련의 고유특성들이 고객 및 관련자들에게 요구사항을 충족시키는 정도라 정의한 것이다(Lee, 2013). 많은 연구자들이 품질에 대한 다양한 의견을 내었다. 〈표 1〉은 석학들의 품질에 대한 정의를 정리하였다.

| 표 1 | 품질의 정의

관점	품질 정의	연구자/기관
생산자/기업	요건에 대한 일치성 (Conformance to Requirements)	Crosby
	시방과의 일치성 (Conformance with Specification)	Seghezzi
소비자/고객관점	용도의 적합성 (Fitness for Use)	Juran
	사용목적을 만족시키는 성질이나 성능	KS
	고객의 기대에 부응하는 특성	Feigenbaum
	고객 만족(Customer Satisfaction)	Juran, Gryna
사회관점	요구를 만족시키는 특성	ISO
	사회손실을 피하는 특성	Tagucci

2. 품질관리의 역사

품질관리의 역사는 인류가 필요로 하는 물건을 만들면서 시작되었다. B.C 5세기경 만들어진 고대 이집트의 피라미드를 지금도 볼 수 있는 것은 품질관리를 하였기 때문이다.

기원전 1450년에 건조된 이집트 왕조 18대 왕 Thebes 무덤에서 출토된 조각에는 검사원으로 보이는 사람이 석조블럭을 자로 재고 있는 모습을 볼 수 있다(Lee, 2013).

파이겐바움(A.V. Feigenbaum)에 따르면 품질관리는 20세기 들어서 20년을 주기로 발전하여 왔다. 미국 산업계에서의 품질경영은 품질관리에서부터 시작된다고 하였다(A.V Feigenbaum, 1983).

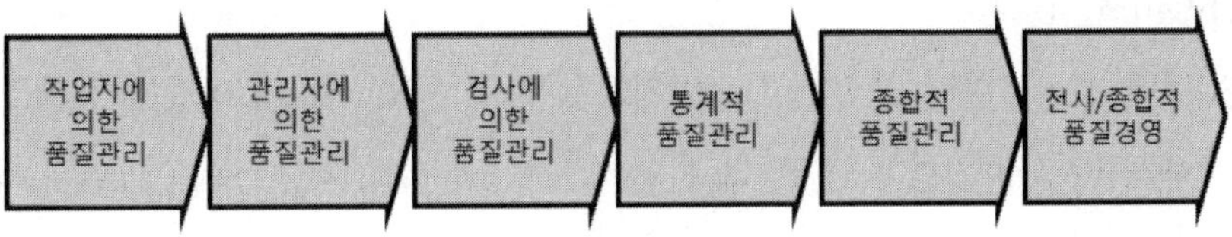

| 그림 1 | 품질관리의 변천사

〈그림 1〉과 같이 과학적 관리법이 시작된 19세기 말에는 품질은 주로 작업자에 의해서 관리되어 왔다. 이 시기를 '작업자에 의한 품질관리'단계라 한다. 20세기 접어 들어 공장 규모가 커지면서 분업화가 이루어지고 작업과 관리직능이 분화되어 관리자가 품질에 대한 책임을 지고 관리하는 '관리자에 의한 품질관리'단계가 전개되었다. 1차 세계대전 중 생산시스템이 복잡해지면서 수많은 작업자들을 관리자들이 관리하기 어렵게 되어 검사자가 검사를 전담하는 '검사자에 의한 품질관리'가 이루어졌다. 미국 산업계에서 검사에 의한 품질관리는 1920년대와 1930년대에 전성기를 이루었다(Lee, 2013).

통계적 방법이 검사문제에 처음 적용된 것은 1916년으로 프레이지(C.N Frazee)가 OC곡선을 이용하여 샘플링 방식의 합격확률을 구하였다. 슈하르트(W.A. Shewhart)는 1924년 품질관리에 관리도(Control chart)를 이용하는 것을 구상하였다. 1931년 '제품품질의 경제적 관리(The Economic Control of Quality of Manufacturing Product)'라는 저서를 펴냈다. 통계적 방법을 공정관리에 적용시킨 '통계적 품질관리'에 관한 최초의 저서이다. 영국에서는 1932년 슈하르트의 방문을 계기로 품질관리에 관심을 갖기 시작하였다. 그 후 품질관리기법은 미국과 영국으로부터 유럽 여러 나라에 전파되기 시작하였고, 유럽품질관리기구(European Organization for Quality Control: EOQC)가 탄생되어 품질 관리 활동이 활발해진 계기가 되었다(Lee, 2013).

통계적 기법만으로 품질관리의 성과를 충분이 얻을 수 없다며 품질에 영향을 주는 회사 내 모든 부문의 노력을 모와 종합적으로 품질관리를 추진해야 한다고 파이겐바움은 종합적 품질관리(Total Quality Control: TQC)를 주장하였다(A.V Feigenbaum, 1956).

1960년대 접어들면서 급속한 기술발전으로 신뢰성(Reliability) 문제를 품질관리에 분야에서 다루게 되었고, 1962년 미국의 Martin-Marietta社의 Orlando사업부에서 비롯된 'ZD운동'(Zero Defects program)을 시작으로 품질개선 활동에 전 사원의 참여가 강조되었다(Lee, 2013).

미국에서 1972년에 '소비자 제품 안전법(Consumer Product Safety Act)'이 제정되면서 제품책임(PL; Product Liability)문제가 품질관리의 주요 문제로 등장하였다. 기존의 품질관리 방법으로는 해결하기 어렵게 되었다. 최고경영자와 전사원의 전사적이며 종합적인 경영활동이 없이는 해결하기 어려운 것으로 1980년대 이후에 이른바 전사/종합적 품질경영(Company-Wide/Total Quality Management)내지 총체적 품질경영(Total Quality Management; TQM)의 단계로 구분할 수 있다.

3. 품질경영 연구

품질경영의 세계적 석학인 쥬란(J.M. Juran)박사는 "20세기는 생산성의 시대이고 21세기는 품질의 시대"라고 강조하였듯이 품질 문제는 기업은 물론 범국가적인 관심사항이다. 의약품의 설계기반품질고도화(Quality By Design, QbD)도 1920년대의 통계적 공정관리(SPC, Statistical Process Control)의 이론과 관리도의 개념이 근간이 되었다. 그리고 1990년대에 의료기기 부문에서 QbD 개념이 적용되었고, 1990년대 말 미국식약청(FDA)에서 검토를 시작하여 최근에는 국제의약품 사용 기술 요구사항 조정위원회(The International Council for Harmonisation of Technical Requrements for Pharmaceticals for Human use)에서 Guideline ICH Q8, Q9, Q10에 제정되었다. 한국의 식약처는 2014년 12월에 QbD도입 대비를 위한 품질 심사 안내서를 배포하였다.

미국의 전략계획연구소에서 개발한 PIMS(Profit Impact of Marketing Strategy)데이터베이스는 사업의 성공을 좌우하는 가장 중요한 요소(CSF; Critical Success Factor)가 품질이라는 결론을 내린 바 있다(Lee, 2013).

국내에서도 품질경영 이론에 대한 많은 연구가 진행되었다. 이탁성교수(1968)는 직원들의 소비자 중시 풍조와 기업의 품질 관리 발전을 연구하였고, 황의철교수

(1976)는 기술혁신과 품질관리의 관계 연구를 하였다. 신용백교수팀(1979)은 수출품의 향상을 위한 QC차트의 문제와 향상점을 찾아냄으로 앞으로의 방향제시를 하였고, 윤석호교수(1980)는 공장공학에 대한 TQC(Total Quality Control) 적용 및 발전 방향을 제시하였다. 조남호교수와 이근희교수(1988)는 공정 관리를 통해 제품책임예방을 위한 품질 관리 향상 및 고장 원인 조기 방지 사례를 연구하였다. 정규석교수(1993)는 우리나라 TQC추진반성과 QM(Quality Management)추진 과제를 연구하였다. 류한주교수(1994)는 일본의 TQM(Total Quality Management)의 성공요인 분석 및 AHP분석을 통한 TQM핵심요소를 도출하는데 성공하였고, 김정섭교수(1998)는 TQM의 개념 연구 후 체험적 훈련의 필요성을 제시하였다. 이관석교수와 최정재교수(1998)는 국내 제조업 분야의 TQM에 동시공학 적용 방안을 제시하였고, 정규석교수와 김형욱교수(1999)는 경쟁력 원천으로서의 TQM의 위상에 대한 연구를 하였다.

남지희박사팀(2000)은 품질경영체제의 유효성 평가를 위한 효율적인 품질감사의 수행방안을 제시하였고, 류문찬박사와 우성권박사(2002)는 품질기능전개 적용으로 현행 이행도 평가모형 문제점 개선을 연구하였고, 김희탁박사(2003)는 의료기관의 TQM 모델 적용 방법을 제시하였다. 정규석박사(2004)는 일본과 미국의 TQM비교를 통한 한국형 TQM을 모색하였고, 김성인박사와 조정용박사(2004)는 종합적 품질경영을 위한 웹기반 분산형 전문가시스템의 설계 및 구축을 연구하였다. 정규석박사(2012)는 개선활동의 재무성과 기여 효과를 분석하였다. 1960년대 후반부터 2010년대에 이르기까지 품질경영에 대한 개념이나 내용 특정한 품질경영 기법이나 구성요소에 대한 연구가 활발히 전개되고 있다.

품질경영 실증 연구는 품질경영의 개념이 구체화되고 구조화된 1990년대 중반 이후 오세진박사(1997)의 품질경영활동이 품질요소별 경쟁력에 미치는 영향 연구에서 시작된다. 노부호박사와 박영수박사(1999)는 전략적 관점에서 품질경영 실행 기업과 비실행 기업의 경영성 차이 검증 연구를 진행하였고, 강병서박사와 김계수박사

(1999)는 지자체 품질경영 적용 및 성과를 연구하였고, 서창적박사와 김재환박사(1999)는 TQM의 실행 결정요소 연구를 진행하였다.

최성용박사와 정해경박사(2000)는 병원 TQM의 인지된 성과를 연구하였고, 서창적박사와 김재화박사(2000)는 TQM의 실행을 위한 교육훈련의 내용 및 방법 연구모형 설계를 연구하였다. 김계수박사(2000)는 공급사슬관리의 경영성과에 대한 영향을 연구하였고, 김형욱교수와 정인진박사(2001)는 온라인 쇼핑몰의 품질요인 도출, 특성의 차이점 분석을 하였다. 노창균박사(2001)는 선박검사기업 품질경영 구성요소 및 성과를 연구하였고, 이만표박사(2003)는 국내 기업의 성공적 품질경영활동의 경쟁력 제고 기여, 품질 중요성 재인식을 연구하였고, 김재환박사(2003)는 보상이 품질성과에 미치는 영향을 연구하였다.

권영훈교수(2006)는 품질경영활동의 경영성과에 미치는 효과를 연구하였고, 이명용박사팀(2008)은 TQM 구성요소의 성과 영향을 한국과 일본 중소기업을 비교하여 연구하였다. 서명애박사와 이상복교수(2009)는 KANO 모델을 통한 박물관 서비스 품질요소를 도출하는데 성공하였다. 노재용박사와 이상복교수(2011)는 국방품질경영시스템의 기업성과 영향을 연구하였고, 박지영박사팀(2011)은 공급망 품질경영과 성과간 인과관계를 파악하였고, 석종배박사팀(20013)은 TQM활동과 고객만족간에 서비스 회복의 매개효과분석을 외식산업을 가지고 연구하였다. 90년대 후반부터 최근에 이르기까지 품질경영 실증 연구도 활발히 전개되고 있다.

ISO에 관한 품질경영 연구는 조남호교수(1993)의 ISO9000 시리즈 품질인증제도의 문제점과 개선방안 연구가 있었다. 홍성훈교수와 이승환박사(1995)는 ISO3951, 계량 조정형 샘플링 검사규격 연구를 하였고, 임남진교수와 김능진교수(1996)는 ISO9000 시리즈에 의한 품질보증 시스템이 우리 나라 기업경영에 미치는 영향을 연구하였다. 홍성훈교수와 이승환박사(1996)는 ISO2859 계수조정형 샘플링 검사규격을 연구하였다. 박동준박사팀(2000)은 조선기자재 생산 업체 특성에 맞는 ISO9000 추가 요구사항을 제시하였고, 우정열박사팀(2011)은 ISO9001-2000-

KSA9001-2001에 의한 공공행정 부문의 품질경영 시스템 모델 구축을 연구하였다. 류진수교수팀(2003)은 소프트웨어 프로세스 개선을 위한 CMM과 ISO9001간의 비교 연구를 하였고, 유왕진교수(2003)는 PL법 실행에 따른 ISO9001과 KS제품 안정경영 통합시스템 구축 설계 연구를 하였다.

김영수박사와 윤재호박사(2004)는 리더십과 기업문화 유형, ISO9001 시스템의 기업 성과 영향 연구를 하였고, 권봉기교수팀(2006)은 ISO9001, 2000 품질경영시스템 인증 도입효과 분석 연구를 하였다. 이희식교수팀(2007)은 ISO9001 품질경영시스템이 종업원 만족에 미치는 영향에 관한 연구를 하였고, 김영기박사와 박용태박사(2011)는 ISO9000 품질경영시스템의 인증기관 유형에 따른 중소기업 경영성과의 차이에 관한 실증연구를 진행하였다. 윤영원 등(2011)은 KS인증과 ISO9001인증의 통합연구에 관한 연구를 진행하였고, 정은기교수팀(2013)은 자동차 기능안전 ISO26262와 대응방안에 대한 연구를 하였다.

많은 연구들이 통계적 품질관리, 통계적 기법 분야와 함께 품질경영과 품질경영이론, TQM, 품질경영시스템으로서의 ISO를 연구함으로써 품질경영 범위의 외연적 확대에 기여하였다.

1980년대 후반에는 품질경영의 하나의 방법론으로 6시그마 운동이 전개되었고, 1990년대 중반 LG전자를 비롯하여 국내의 기업들이 6시그마를 경영기법으로 받아들였다.

6시그마 기법은 합리적이면서 과학적인 경영상 의사결정을 도와주는 기법으로서 성과 중심의 검증된 일하는 방법이다(Kim, 2017). 데이터의 측정 및 수집 방법과 수집된 데이터의 분석방법을 연구하는 통계학의 방법론을 품질경영에 활용하고 응용하고 있다. 품질 검사 등을 통계적으로 프로세스를 분석하고 관리하는 통계적 품질관리(statistical quality control: SQC) 분야와 프로세스를 이해하고 최적화된 공정 조건을 분석하기 위한 실험의 설계와 실험의 분석 방법 등을 연구하는 실험계획법(design of experiments: DOE) 분야로 연구가 되고 있다(Lim et al, 2016).

품질경영은 경영학과 산업공학 그리고 통계학을 아우르는 다양한 학문분야를 품질의 향상에 적용하고, 확산하고, 전파하는 활동이다. 6시그마는 이 활동을 선도하는 경영혁신기법이다.

우리는 흔히 품질 개선을 얘기할 때 제품에 대한 품질 개선만을 생각한다. 기업에서 품질 개선이란 고객이 원하는 품질 수준에 적합하게 제품을 만들어 내는 모든 개선활동을 뜻하기도 한다. 그러나 거기에서 그치면 안 된다. 기업의 목표가 더 이상 이윤 추구에만 있지 않다. 기업은 임직원의 행복은 물론 더불어 사는 사회에 대한 공헌도 중요해 지고 있다. 임직원의 개인 업무 역량 향상에도 관심을 기울여야 한다. 그래서 나는 품질에 대해 재 정의를 하고자 한다. 품질(Quality)은 3가지 요소가 먼저 선행되어야 할 조건이다.

일하는 사람의 질(Quality)

일하는 방법의 질(Quality)

일하는 문화의 질(Quality)이 먼저 개선되어야 한다. 이 3요소가 개선이 되면, 기업에서 만드는 제품의 질(Quality)은 자연스럽게 좋아진다. 또한 일하는 사람이나 방법과 일하는 문화에 대한 질은 형편없는데, 그런 상황에서 품질 좋은 제품이 만들어 지지 않는다. 품질 좋은 제품이라고 착각하는 것이다.

빅토르 위고의 노틀담의 꼽추를 영화로 먼저 접했고, 나중에서야 책을 읽었는데, 처음에는 어려운 지명이나 인물들의 이름이 혼란 그 자체였었다. 어렵고 기억도 나지 않았다. 그런데 다 읽고 보니 지명이나 인물들의 이름은 그다지 중요한 요소가 아니었다. 전체적인 줄거리를 보니 충분히 이해가 되었고, 독자 입장에서 알아야 할 정말 중요한 인물은 굳이 전 장에서 기억하지 못했더라도 중요 인물들은 반복해서 나왔다. 모든 책이나 학문이 이런 배려심을 가지면 좋겠다는 생각이 든다. 통계학을 이용한 통계적 사고와 이를 실무에 적용하여 개선활동을 하고자 하는 직장인들에게 적용해 본다면, 익숙하지 않은 용어에 너무 처음부터 집중해서 스트레스를 받을 필요는 없다. 오히려 큰 줄기에 집중해 보자. 나아가 이 활동을 왜 하는 것인지 생각해 볼 필요가 있다. 고전에 문외한이다 보니 고전은 어렵고 딱딱하고 재미도 없고 실용적이지 않아 시간 낭비 같다고만 생각할 게 아니라, 제대로 한 번 해보고 판단을 하자. 판단을 유보해 보자. 성급한 판단은 틀릴 확률이 크다.

제2장 방법

1. 6시그마

국내에 도입된 6시그마는 경영혁신의 방법론으로 품질 개선 프로세스를 개선하여 수행결과에 대한 성과를 제시하는 선행연구들은 많이 있다. 품질경영기법 측면에서 6시그마의 중요성을 강조한 연구들이 소개될 수 있는데, 박영택교수와 노재헌교수(1998)는 품질경영과 경영혁신의 향후 방향성에 대해 제시하였고, 홍성훈교수팀(1999)은 6시그마 경영혁신 전략에 대한 고찰을 하였다. 신완선교수(1999)는 품질경영기법을 교육 분야에 적용한 사례를 분석하여 교육품질혁신의 성공요소를 정의한 바 있다. 김계수교수(1999)는 6시그마에 대한 프로세스 성과개선 및 영향에 대한 사례연구를 통해 한국의 상황에 맞는 6시그마 모형을 제안하였다.

또한 6시그마 적용을 통한 구체적인 생산성 향상에 대한 구체적인 기술적 방법론과 모형을 조명한 연구들이 많은데, 홍성훈교수와 반재석교수(2001)는 프로젝트를 통해 모니터 소재의 색상편차 개선안을 도출하였으며, 문기주교수와 박우종교수(2004)는 공정의 수율을 향상하는 방법을 제시하였고, 정동호교수와 홍성주교수(2004)는 중소기업형 6시그마 경영모형을 제시하였다. 박진영박사(2003)는 6시그마를 적용하여 용접 조건개선을 하여 불량률을 줄인 성과를 제시하였다. 안병진교수팀(2003)은 사무 간접 부문에서 6시그마 활성화 방안을 모색하여 연구와 사례를 비교 검토하였다. 이영석교수팀(2004)은 부동산업 경영혁신에 6시그마 방법론을 활용하였다. 이민구교수와 곽효창교수(2005)는 스폿 용접 팁 수명향상을 위해 6시그마 기법을 적용한 사례를 분석하였다. 박종인교수팀(2005)은 차량의 조향장치의 제조공정의 누적수율 개선을 위해 6시그마 적용 사례를 분석하였다.

조남욱교수와 조지운교수(2005)는 사무 간접 프로세스에 6시그마의 DMAIC[1)]기

1) 6시그마 문제해결 프로세스. 정의(Define), 측정(Measure), 분석(Analyze), 검증(Improve),

반 접근법을 제시하였고, 정하성교수팀(2005)은 프로젝트 위험관리 강화를 통한 원가개선을 위해 6시그마를 적용하였다. 홍성훈교수와 최익준교수(2006)는 DMAIC에 따라 6시그마 프로젝트 수행 과정을 사례 연구하였다. 윤근식교수팀(2006)은 6시그마를 적용하여 저장탄약의 신뢰성평가를 대상으로 개선활동을 수행한 반면 윤재욱교수와 김보형교수(2008)는 6시그마 활동을 제조부문과 사무간접부문 서비스부문으로 구분하여 차이점을 비교분석하였다. 성수경박사팀(2010)의 경우 공급망 품질향상을 위해 6시그마 적용사례를 제시하고 분석하였다. 박창도박사와 이상복교수(2012)는 기존 혁신활동 6시그마와 린 6시그마의 작업분석에 대한 이론을 제시하고, 이를 바탕으로 중소기업에 쉽게 적용할 수 있도록 프로아이라는 소프트웨어를 활용한 Lean-SMAIS를 제시하였다. 이렇듯 많은 연구들이 6시그마를 다양한 생산관리 차원에서 적용하고 여러 가지 접근법을 활용 개발하고 있음을 살펴볼 수 있다.

〈표 2〉와 같이 기존 주요 선행연구 22편을 기준으로 6시그마의 성공요인을 도출하였다. 6시그마의 성공요인을 많은 연구자들이 다양하게 언급하였다. 수십 년 동안 각 기업체 및 관공서에서 활용되고 활성화 되었던 6시그마의 성공요인들은 곧 6시그마라고 볼 수 있다. 6시그마는 리더의 관심이 필요하고, 6시그마를 활성화하는 사람은 리더십이 있어야 하고, 6시그마 교육을 통해 직원들은 리더십이 개발된다는 의미로 봐야한다. 6시그마는 체계적인 인재육성을 위한 교육이 선행되어야 하고, 올바르게 사용하기 위해서는 훈련이 필요하다. 6시그마 활성화를 위해서 유무형의 시스템이 필요하다. 6시그마의 활성화를 위해서는 사업전략과 목표에 연계가 되어 있어야 한다. 경영성과에 기여할 수 있는 6시그마 과제를 해야 한다. 6시그마 활동의 목표는 고객의 만족이다. 고객이 원하는 품질 수준을 달성하는 것이 6시그마 활동의 목표다. 6시그마를 통해 재무적인 성과도 있어야 한다. 재무적인 성과가 있었을 때 6시그마는 성공했다. 6시그마의 활성화에 조직문화도 성공요인이다. 6시그마가 활성화되기 위해서는 제도적인 장치가 필요하다. 6시그마 활성화를 위해서는 우수한 성과를 낸 과

관리(Control)의 영문 앞글자로 만들어진 약자.

제 활동에 대해서는 성과를 보상하고 인센티브를 지급해야 한다. 그리고 6시그마를 올바르게 교육하고 운영하고 추진할 전담팀이 필요하다. 우리 제품의 품질을 좋아지게 하려면 협력사의 부품 품질도 좋아야 한다. 6시그마 활동은 협력사의 품질을 개선하고 유지하는 데에도 성공요인이 있다. 선행연구가 다양하게 있었고, 각각의 연구자들이 언급한 내용을 분류하고 성공요인을 정리하였다. 6시그마는 단순하게 문제해결 방법론만은 아니다. 6시그마는 기업의 고유문화와 철학과 사상이 담겨있는 하나의 무형적인 가치다. 6시그마와 6시그마 활동을 정확하게 이해하기 위해서 〈표 2〉를 정리하였다.

▌표 2▐ 6시그마 성공요인

요인	성공 요인	연구자
리더십	1. 톱다운 방식의 최고 경영층의 리더십 2. 최고 경영자의 헌신적 노력 3. 최고 경영자의 강력한 리더십 4. 리더십 5. 경영진의 지원 6. 최고 경영자의 방침 및 참여 7. 경영진의 리더십 8. 최고 경영진의 리더십 9. 최고 경영자의 지원과 열정 10. 최고 경영진의 참여 11. 최고 경영자의 관심과 지원 12. 최고 경영자의 이니셔티브 수립	Harry(1996) 홍성훈 외(1999), 김계수(1999) 김상부 외(1999), 고두균, 전재경, 하동식(1999) Blakeslee(2000),구경원(2000), 신동설(2001),황인천(2001) 정재석(2001),Antonny(2002) Banuelas(2002) Coronado(2002) Byrme(2003) Hahn(2004) Viserras(2005) 장길상 외(2013) 박효근(2015) 이용건(2015)
교육/훈련	1. 조직 내 모든 계층의 교육훈련 2. 교육과 훈련 3. 직원들에 대한 교육과 훈련 4. 전사적인 교육과 훈련 5. 교육훈련 프로그램 6. 체계적인 교육훈련	Harry(1996) 김상부 외(1999) 고두균,전재경,하동식(1999) Blakeslee(2000) 구경원(2000) 정재석(2001)

Ⅰ표 2Ⅰ 6시그마 성공요인 [계속]

요인	성공 요인	연구자
	7. 체계적인 교육훈련을 통한 인재개발 8. 교육 및 훈련 9. 추진리더(블랙벨트, 그린벨트 등)훈련	Antonny(2002) Banuelas(2002) Coronado(2002) Byrme(2003) Hahn(2004) Viserras(2005) 장길상 외(2013) 박효근(2015) 이용건(2016)
시스템	1. 시스템 2. 시스템 구축 3. 개선을 위한 세부적인 시스템 확립 4. 지원시스템(참여 시스템, 인정 및 보상) 5. 시스템적 관리 6. 데이터 수집 시스템 7. 프로젝트 관리 시스템 8. 데이터 활용이 가능한 시스템 9. 정보시스템 구축 10. 6시그마 추진 인프라 구축	김상부 외(1999) 고두균, 전재경, 하동식(1999) 구경원(2000) 신동설(2001) 정재석(2001) Antonny(2002) Banuelas(2002) Viserras(2005) 박효근(2015)
사업전략 연계	1. 회사의 모든 전략과 통합 2. 기업전략과 연계 3. 사업전략 연계 4. 회사전략 연계 5. 경영전략 6. 전략과의 연계	Blakeslee(2000) Banuelas(2002) Coronado(2002) Antonny(2002) Viserras(2005) 윤상흠 외(2011) 이용건(2015)
고객중심	1. 고객 및 시장 정보수집 2. 고객 요구사항의 반영 3. 고객과 연계한 6시그마 활동 4. 고객 요구 사항의 반영 및 만족도 5. 고객 중심	Blakeslee(2000) Banuelas(2002) Coronado(2002) Hahn(2004) 아오키(2004)
재무성과	1. 재무성과에 대한 평가 2. 재무 성과와 연계된 개선 프로젝트 수행 3. 수익성 있는 프로젝트 개선	Harry(1996) 홍성훈 외(1999) Blakeslee(2000)

| 표 2 | 6시그마 성공요인 [계속]

요인	성공 요인	연구자
	4. 수익성 있는 프로젝트 선정 5. 재무적 성과	Banuelas(2002) Hahn(2004)
조직문화	1. 의욕적인 기업 문화 2. 기업 문화의 변화 3. 조직 문화의 변화 4. 조직문화	정재석(2001) Antonny(2002) Banuelas(2002) Coronado(2002) 윤상흠 외(2011)
성과보상 및 인센티브	1. 6시그마 추진의 성과보상 및 인센티브 2. 성과보상 및 인센티브 3. 성과보상 4. 평가 및 보상	Harry(1996) Blakeslee(2000) 장길상 외(2013) 박효근(2015)
추진조직	1. 추진 조직의 구조 2. 6시그마 전담팀 3. 6시그마 추진 전담조직 구성 및 운영 4. 추진조직 구성	Antonny(2002) Banuelas(2002) Hahn(2004) Viserras(2005)
협력사 연계	1. 협력사 현업 추진 방법론 개발 2. 협력사 혁신활동 연계 수행 3. 협력회사와의 연계된 과제 수행 4. 협력사 연계 추진	Antonny(2002) Banuelas(2002) Coronado(2002) Viserras(2005)

2. 린 6시그마

6시그마가 제품의 변동(Variation)에 초점을 맞추어 이 변동을 줄여 제품의 품질을 좋아지게 하는 방법론이라면 린 6시그마는 제품보다는 프로세스(Process)에 초점을 맞추고 있다. 제품의 품질을 좋아지게 하려면 일하는 방식을 바꿔야 한다는 주장에서 시작되었다.

린 6시그마 활동 또한 품질을 개선한다는 목적과 목표에서는 6시그마와 유사하다. 6시그마는 개선의 속도보다는 품질 개선 자체에 초첨을 맞추고 있다고 한다면 린 6시그마는 프로세스(Process) 흐름에 대한 혁신과 속도에 초첨을 맞추고 있다. 6시그마를 기반으로 린 6시그마의 효과적인 전개를 위해서 최고 경영자의 확고한 도입에 대한 의지가 필요하였다. 기존 6시그마의 인프라를 보완하는 형태로 조화를 이룰 수 있도록 고려하는 것이 린 6시그마가 조직에 정착하는 데 성공요인으로 작용하였다.

린 6시그마가 새로운 경영혁신 방법으로서 기존의 6시그마와 상충되지 않은 범위 내에서 기업의 특성에 맞게 자체적인 추진 프로세스를 정립하는 것이 성공 요인으로 연구자들은 보고 있다(Moon, 2015).

린 6시그마는 방법론 요인이 중요하게 다뤄져야 하며, 기존의 교육 훈련 시스템을 통해 체계적인 방법론을 잘 운용해야 성공적인 6시그마를 도입할 수 있음을 확인할 수 있었다.

〈표 3〉~〈표 7〉은 6시그마의 각 단계별 실행항목과 사용하는 도구들과 린 6시그마를 위해 추가되어야 할 문제해결 도구를 파악하였다. 6시그마의 다섯 단계 Define, Measure, Analyze, Improve, Control 별로 6시그마의 실행 항목과 6시그마에서 사용하는 툴을 정리하였고, 린 6시그마의 실행 항목과 린 6시그마에서 사용하는 툴과 방법들을 정리하였다(Moon, 2015). 6시그마의 방법론도 익히는 데 시간이 필요하고, 린 6시그마의 툴들도 올바르게 사용하기 위해서는 일정량의 교육이 필요하고, 배우고 나서 적용하는 데도 지도와 지원을 받아야 한다. 프로세스의 개선을 통해 속도에 포커싱(Focusing)한 린 6시그마도 정작 적용에는 속도를 내지 못한다는 단점이 있다.

▌표 3▌ 6시그마와 린6시그마 Define단계 실행항목과 도구

단계	정의(Define)
6시그마 실행항목	Y-y's전개 과제선정 KPI선정 KPI목표설정 과제전개 실행계획구체화 과제등록서
6시그마 활용도구	Logic Tree(Big Y-little y's) Process mapping Brain-Storming Pareto Analysis QFD FMEA
린 6시그마 추가도구	Kano Analysis Process Activity Mapping Quality Function Analysis

정의(Define)단계에서는 6시그마 실행항목으로는 Y-y전개와 과제선정 KPI선정 KPI목표설정 및 과제를 전개하기 위한 실행계획을 구체화하고 과제등록서가 있어야 한다. 이를 위한 도구로서 Logic Tree(Big Y-little y's), Process mapping, Brain-Storming, Pareto Analysis, QFD, FMEA를 활용도구로 사용한다.

| 표 4 | 6시그마와 린6시그마 Measure단계 실행항목과 도구

단계	측정(Masure)
6시그마 실행항목	Proj. Y선정 측정시스템의정확도 측정시스템의정밀도 측정계획수립 측정 정규성검정 공정능력분석 개선방향설정 개선목표확정

6시그마
활용도구
	확률분포
	  –연속형
	  –이산형
	표본분포
	GageR&R
	RSP
	Capability Analysis

린 6시그마 추가도구	As–Is Value Stream Mapping Process Cycle –Efficiency BRM (Business Risk Management) Detail 'As–Is' Process Map

측정(Measure)단계에서는 크게 2가지 활동을 해야 하는데, 정의단계에서 정해진 Y값에 대해 측정하는 측정시스템에 대한 분석과 현수준을 측정하는 것이다. 측정시스템에 대한 분석을 할 때는 정확도와 정밀도를 함께 봐야하는데, 일반적으로 정확도는 측정기를 만드는 업체가 검교정을 하면서 맞춘다고 보고, 정밀도를 중점으로 확인한다. 측정시스템의 정밀도를 확인하는 가장 많이 알려진 방법 중 하나가 Gage R&R이다. 측정시스템 분석에 관하여 궁금하신 분들은 이레테크에서 나온 측정시스템 분석(이승훈 저)을 읽어보시기를 권한다.

▌표 5▌ 6시그마와 린6시그마 Analyze단계 실행항목과 도구

단계	분석(Analyze)
6시그마 실행항목	잠재인자도출 기술/경험적검토 가인자선정 통계적검증 치명인자선정
6시그마 활용도구	C&E Diagram Logic Tree Sampling 1sample t–test 2sample t–test F–test Chi–square test 1proportion test 2proportion test ANOVA Regression 연관도법, AHP
린 6시그마 추가도구	VA(ValueAdded)/ NVA(NonValue Added) Time Analysis Video Analysis 동작분석 스파게티Diagram

| 표 6 | 6시그마와 린6시그마 Improve단계 실행항목과 도구

단계	개선(Improve)
6시그마 실행항목	개선방향 수립 즉개선 2수준 실험 Center Point 최적화 검증실험 Side Effect 검토
6시그마 활용도구	FD, FFD RCBD ANOCOVA MoSA RSM Osbone's Checklist 결점열거법 희망점열거법 ECRS SCAMPER 기능개선법
린 6시그마 추가도구	To-Be Value Stream Mapping Mistake Proof(Poke-Yoke) Kanban Automation 시스템공학 공정설계 Simulation LOB Analysis TPM Kaizen To-Be Process Map Set-up기법 PickChart

▌표 7▐ 6시그마와 린6시그마 Control단계 실행항목과 도구

단계	관리(Control)
6시그마 실행항목	효과 검증 개선대책 수립 수평 전개 공유 및 교육 배운 점 정리 완료 보고
6시그마 활용도구	Should-be Mapping Fool Proof 표준화 관리도 -Xbar-R -NP -P -C -U
린 6시그마 추가도구	Visual Control

또한 린 6시그마의 성공요인의 경우 기존 선행연구들에서 성공요인에 대해 제시되어왔다. 이를 살펴보면 〈표 8〉과 같이 리더십, 교육/훈련, 시스템, 방법론, 추진조직이 중요한 요인임을 확인할 수 있다. 그 중에 MBB의 보유 역량으로 볼 수 있는 요인은 리더십, 교육 훈련, 방법론이다.

린 6시그마의 성공요인에는 추진 조직이 있었다. 연구자들의 성공요인 첫 번째는 회사의 미래 리더로부터 린 6시그마 과제 수행자를 선정. 두 번째 우수한 인력 확보, 세 번째 리더 선정 및 개발. 네 번째 고객 요구 사항을 충족하도록 재구성을 제시하였다. 일하는 방법의 개선을 위해서는 일하는 사람이 중요하다는 연구결과이다. 누가 추진을 하는 주체가 될 것이며, 과제 수행을 하여 성과를 낼 사람도 조직에서 핵심적인 성과를 내고, 역할을 했던 사람들 중심으로 이루어져야 한다는 연구 결과이다.

| 표 8 | 린6시그마의 성공요인

요인	성공 요인	연구자
리더십	1. 최고 경영층의 몰입 2. 중역과 핵심 인사들의 참여 3. 적절한 리더십 4. 경영층의 리더십 5. 강력한 경영진의 리더십	Kroslid(2001) George, Michael L.(2003) 박성현(2005) 유선우 외(2009) 문제옥 외(2009)
교육/훈련	1. 교육훈련계획 2. 블랙벨트들을 대상으로 한 리더십 훈련 3. 교육훈련 4. 린 툴 교육 5. 훈련과 실행의 연계	Kroslid(2001) George, Michael L.(2003) Arnheiter와 Maleyeff(2005) 양존곤 외(2005) Bendell(2005)
시스템	1. 프로젝트 선정 프로세스 구축 2. 체계적인 시스템 3. 통합된 경영 의사결정 프로세스 4. 린 6시그마 통합 방법론 5. 시스템과 사람의 연계 6. 6시그마 인프라, 린 인프라 7. 질서 있는 작업환경을 구축	George, Michael L.(2003) 박성현(2005) Arnheiter와 Maleyeff(2005) 양존곤 외(2005) Bendell(2005) 유선우 외(2009) 문제옥 외(2009)
방법론	1. 개선 방법론, 측정시스템 제시 2. 적절한 도구의 사용을 제시 3. 데이터 중심, 품질 산포의 관리 방법론 4. 6시그마 추진 방법론 도입 5. 측정 및 도구 6. 문제점을 해결하기 위한 개선 도구	Kroslid(2001) 박성현(2005) Arnheiter와 Maleyeff(2005) 양존곤 외(2005) Bendell(2005) 문제옥 외(2009)
추진조직	1. 회사의 미래 리더들로 부터 선발 2. 우수한 인재의 확보 3. 리더의 선발과 육성 4. 고객 요구사항 충족을 위한 재 조직화	George, Michael L.(2003) 박성현(2005) Kazutoshi(2006) 문제옥 외(2009)

6시그마와 린 6시그마의 성공요인을 통해 본 6시그마 MBB의 공통된 보유 역량의 첫째는 리더십이다. 개선 과제를 추진하기 위하여 팀을 조직하고, 리딩할 수 있는 역량이다. 둘째, 교육 훈련이다. 6시그마 과제를 추진하기 위한 방법론에 대해서 충

분하게 이해시킬 수 있는 교육이 되어 있고, 훈련을 시킬 수 있는 역량이다. 셋째 시스템이다. 전체 시스템 관점으로 사고하고, 프로세스를 개선해 갈 수 있는 역량이다. 끝으로 이 모든 것을 할 수 있는 다양한 방법론 적용 및 수행능력이다.

경영혁신도구로서 6시그마는 반세기 이상 발전되어 온 검증된 일하는 방법이다. 그리고 세계적으로 많이 활용되어 왔고, 지금도 수많은 기업들이 사용하고 있는 경영혁신기법이다. 저자의 도움으로 MBB가 된 젊은 인재들이 여러 좋은 곳으로 스카웃되어 가는 것을 보았는데, 하나같이 MBB여서 더 유리했다는 말을 했고, 어떤 곳은 6시그마 강의가 가능하다는 말에 굉장한 가산점을 주었다고도 한다. 전사적으로 추진하지는 않더라도 6시그마를 잘 아는 사람을 인재로 생각하고, 전문가로 인정하는 문화는 전세계 공통이다. 미국품질협회(ASQ)에서도 품질전문가인 CQE(Certified Quality Engineer)의 응시료보다 MBB(Master Black Belt)의 응시료가 5배가량 비싸다. 시험응시료로 판단하기는 어려울 수도 있지만, 그만한 가치가 있다고 보는 것이라고 할 수 있지 않을까?

6시그마를 추진함에 있어서 2가지 주의해야 할 사항이 있는데, 그 중 첫 째는 6시그마를 제대로 모르는 사람이 6시그마를 추진해서는 안 된다는 것이다. 6시그마는 방법론이 아니다. 많은 사람들이 6시그마를 방법론으로 알고 있는데, 6시그마는 경영철학이며 사상이고, 문화다. 물론 6시그마는 방법론이기도 하다. 방법론만이 아니라는 말을 하고 싶은 것이고, 위와 같은 6시그마에 대한 동의가 되지 않거나 강하게 주장할 수 없는 사람이라면 6시그마를 잘 모르는 것이다. 6시그마를 잘 모르면서 6시그마를 추진하게 되면 안 하는 것 보다 못한 엉망진창이 된다. 검증된 MBB가 6시그마를 추진할 수 있도록 해야 한다.

두 번째는 망치다. 못을 박는 연장으로서의 망치인데, 그 망치가 6시그마를 망칠 수 있다. 6시그마는 여러 도구들을 포함하고 있는데, 그 중 한 두가지에만 매몰되어 모든 문제를 못으로 보는 경향이 있어서 망치로 두들기면 된다고 하는 소위 '전문가병' 걸린 사람들이 문제다. 위에 자세히 나타냈듯이 6시그마의 실행 도구들은 아주 많다. 그리고 한 두 단어로 표현은 되어 있지만, 그런 도구들 하나하나도 설명이 필요하고, 알아야 할 내용은 훨씬 많다.

비전문가도 문제이고, 스스로 전문가라고 착각하는 사람들도 문제다. 어쩌면 국내 6시그마가 제대로 인정받지 못한 것은 이 두 부류의 사람들이 6시그마를 추진하고 담당하고 때때로 강의하고 있어서라고 본다. 6시그마는 지금껏 생각해 왔듯 그리고 주변에서 들어왔듯 그런 하찮고, 별거 아니고, 현재의 경영 환경에 도움이 전혀 되지 않고, 무엇보다 내 업무에는 절대 그렇다고 생각해도 되는 그런 것이 아니다.

기업문화의 총체적인 변화를 일으킨다는 생각으로 품질개선전문가를 자처하고 있으면서도 갈등은 있다. 나의 내적 갈등은 이런 태도가 우리 회사에 끼치는 영향과 함께 긍정적이면서도 도움이 되는 방향인가? 하는 점이다. 모든 일이 그렇겠지만, 결국 결과가 설명을 해줄 것이라고 본다.

가장 중요한 포인트를 개선의 주체인 일하는 '사람'에 두었다. 우리가 개발하는 제품의 특성치에도 산포가 있듯이 기업에서 일하는 사람들도 산포가 존재한다. 보다 긍정적이면서 적극적인 사람이 있고, 그와 정반대인 사람도 있다. 이 모두와 함께 해야 의미가 있다. 처음에는 동일한 기준으로 어느 정도의 수준을 요구했다. 하지만 그러한 방식으로는 효과적인 성과를 기대할 수 없었다. 오히려 이탈자가 생겼고, 소위 안티(anti)성향의 사람들도 생겼다. 잘 해보자고 하는 일인데, 오히려 가능하면 못 해보자는 사람들이 방해하게 만든 것이다.

안티 성향의 사람들이 잘 못되었다고 보는 게 아니라, 그렇게 될 수 있었던 어떤 가능성에 대해 생각해 보았다. 결론은 간단하다. 산포를 인정하는 것이다. 그리고 우리가 개선활동에 자주 활용하듯이 평균치를 이동시키면서 그 산포를 줄이는 활동을 하는 것이다. 모든 일은 단 번에 이루어지지 않는다. 주어진 시간을 잘 활용해서 조금씩 좋은 방향으로 변화시켜 가면 그것이 성공이라고 믿는다.

LG전자에서 SW과제를 지도하면서 느끼는 것은 기존의 6시그마 방법론으로 모든 문제를 해결할 수 없다는 현실에 대해 스스로도 공감한다는 것이다. 6시그마에서 제시하는 통계적인 방법론이 성경(Bible)같은 완벽한 해결책을 주지는 않는다. 통계적 방법론 또한 하나의 품질개선 방법론이다. 그렇다면 어떻게 할 것인가? 충분하게 통계적인 지식과 방법을 활용하지 않은 채 진행한 과제도 6시그마 과제로 인정할 것인가? 그러한 과제를 수행한 개인들에게 6시그마 벨트를 인증해야 하는가? 이런 갈등에 또 빠진다. 왜냐하면 나의 이런 판단과 결정이 우리 회사에 미칠 영향을 생각하지 않으면 안 되는 위치에 있기 때문이다.

SW문제를 6시그마의 통계적 방법론으로 해결할 수 없다는 것에 동의한다면, 그 과제가 가치(Value)가 있느냐로 판단하기로 했다. 고객에게 혹은 고객사에게 함께 일하는 동료나 선후배에게 과제가 가치가 있느냐이다. 그렇다면 가치의 유무나 충분함은 누가 판단할 것인가? 그것은 간단했다. 그 팀의 조직책임자가 하는 것이다. 6시그마를 위시한 품질개선 활동은 조직에 도움이 되는 방향으로 일하자는 것이다. '우리 팀은 이 정도로 구성이 되면 충분히 도움이 됩니다.'라고 조직책임자가 동의를 한다면 그 과제는 가치가 있는 것이다. 조지책임자의 책임과 권한 그리고 도덕성은 의심하지 않겠다.

고객에게 가치를 제공하기 위한 모든 일을 품질 개선이라고 정의한다면, 회사내 조직에서 일어나는 모든 일은 품질개선(Quality Improve)활동이라고 볼 수 있다. 품질개선 활동이 아닌 일은 아무 것도 없다. 그러니까 회사에서 이루어지는 모든 일은 6시그마 벨트 인증을 줄 수 있는 품질개선과제가 되는 것이다.

전문가의 착각

벼는 익을수록 머리를 숙인다는 속담은 명언이다. 그리고 그래야 한다는 선조들의 생각이 담긴 말이라고 믿는다. 하지만 실제로 소위 전문가라고 자처하는 사람 중 극히 일부는 스스로 많이 알고 있다고 오류를 범하고 있다고 생각한다. 사람은 누구나 자신을 과대포장 혹은 과대평가 하는 경향이 있다. 이것은 '사후 확신 편향'(Hindsight Bias)이라고 일컫는데, 결말을 알고 나면 모든 것이 당연해 보이는 현상이다.

유로화 강세로 독일의 주가가 떨어졌다. 이유는? 유로가 강하면 독일 기업의 수출 상품 가격이 상승하고, 판매량이 감소한다. 시장은 기업들의 매출 감소를 예상하고 주가는 하락한다.

제시된 글은 앞 뒤가 맞고 타당한 내용이다. 왠지 주식을 보유하고 있다면 주식을 팔아야 할 것만 같다. 그렇다면 다음 글은 어떤가?

유로화 강세로 독일의 주가가 올랐다. 이유는? 유로가 강하면 독일 기업의 수입 상품 가격이 하락한다. 특히 독일 경제의 원료인 원유가 싸져 독일 상품이 더 저렴해진다. 그 결과 국내 소비 및 내수 시장이 활성화되면서 기업들의 매출 상승이 예상되고 주가도 날개를 단 듯 상승한다.

처음 상황과 마찬가지로 이것도 타당하게 들린다. 그러므로 유로 가치가 상승한다는 정보를 듣자마자 주식을 더 사야 할 것 같다. 사후 확신 편향은 사건 전에는 알 수 없는 징조나 단서 같은 것을 사건 이후에 쉽게 할 수 있는데 이것이 판단에 오류를 일으키는 것을 말한다. 소위 전문가를 자처하는 전문가들에게 이런 성향이 간혹 발견되곤 한다. 특히나 확률을 얘기하는 통계적 의사결정에서는 함부로 예측이 안 되는 경우가 많다. 그럼에도 자기는 모든 것을 알고 있고, 지금 배우는 사람들은 모든 것을 잘 모른다는 식으로 고압적인 태도를 취하면 될까 안 될까? 알고 있는 게 아니라, 알고 있다고 착각하고 있을 가능성이 큰데 말이다.

6시그마 MBB(Master Black Belt)는 통계적 의사결정에 따른 몇 가지 방법론을 통달하고 있는 것이지, 실무에서의 원리와 특성 등 경험으로 알 수 있는 노하우(Know How)를 잘 알고 있다고 착각해서는 절대 안 된다. 직무고하를 막론하고, MBB는 모두에게 겸손해야 한다.

통계와 관련된 명언으로 '나는 내가 직접 작성하지 않은 통계는 결코 믿지 않는다.'라는 말이 있다. 통계 자료에 대한 불신을 강조할 때 즐겨 인용되는 이 명언은 윈스턴 처칠의 말이다. 독일 통계청 직원인 베르너 바르케는 이 명언의 출처에 의문을 품고

진짜 윈스턴 처칠이 말했는지 확인을 해보기로 했다. 현대 인용구 팔켄 대백과사전을 펴낸 팔켄출판사와 영국 통계청과 타임스(The Times) 등에도 문의해 보았다. 모두 '통계에 관한 윈스턴 처칠의 인용구에 대한 정확한 사실에 대한 기록은 없습니다.'라고 연락을 받았다. 사실 윈스턴 처칠은 통계와 양적인 분석의 가치를 인식한 최초의 현대 지도자다. 그의 작품들을 살펴보면 그가 수치, 자료, 검증 가능한 정보 등을 유난히 선호 했음을 알 수 있다. 독일군의 통계처럼 통계가 쉽게 조작될 수 있다는 문제를 잘 알았지만, 그는 통계의 친구였고, 통계를 존중한 지도자였다. 그렇다면 앞의 그 말은 어디에서 유래한 것일까? 통계를 전략적으로 이용했으며 다음과 같은 지시를 내린 바로 그 사람이 유포한 것은 아니었을까?

유포하려면 공공기관, 보도기관, 그리고 기타 기관을 포섭할 것이 아니라 유언비어의 출처를 철저히 숨겨야 한다.' 이 말은 요제프 괴벨스라는 독일 제국의 국민계몽선전부 장관의 말이다. 그는 윈스턴 처칠을 통계 수치를 조작하는 거짓말쟁이로 선전하라고 독일 언론에 수차례 지시한 것으로 알려져 있다.

'거짓말, 새빨간 거짓말 그리고 통계.'

소설과 마크 트웨인은 이 표현을 대중적으로 만들었다. 마트 트웨인의 이 말을 영국 수상인 벤저민 디즈레일리가 했다고 밝혔지만 그의 글에는 이런 인용구가 없었다. 통계의 거짓을 지적하는 인용구가 거짓으로 드러났지만, 통계에 대한 불신은 여전히 사라지지 않았다. 통계를 믿을 수 없다면, 의사결정을 할 때 무엇에 의지해야 할까? 객관적인 숫자 대신 그저 감을 믿고 결정해야 할까? 사실 우리를 속이는 것은 숫자가 아니라 우리 자신이다.

통계 자료를 잘못 판단하거나 수치 자체를 무비판적으로 해석하고 성급하게 받아들이면서 실패하는 경우가 대부분이다.

제3장 통계적 사고 중심의 경영혁신 필요성

이 책이 6시그마만을 다룰려는 목적으로 쓰려는 것은 아니고, 오히려 6시그마가 나아가야 할 방향과 소위 4차산업혁명시대에 맞게 경영혁신기법인 6시그마도 혁신을 해야 한다고 얘기하고 싶어서이다. 그러기 위해서는 4차산업혁명의 현장 '스마트팩토리'에 대해 좀 더 이해가 필요하다.

소품종 다량생산의 시대에서 다품종 소량생산의 시대로 변화되고 있고, 고객들의 개인 차원의 요구에 신속하게 대응할 수 있느냐가 차별화로서가 아니라 기업의 생존을 위한 필수적인 요소가 되어가는 시대이다. 4차 산업혁명 시대의 제조업의 현장의 스마트팩토리(Smart Factory)가 될 것이다. 대기업들은 발 빠르게 제조업의 혁신 스마트팩토리를 준비하고 있다. 스마트팩토리가 무엇이고, 어떻게 구현이 되는 것이며, 전 세계의 주요 기업들의 스마트팩토리 구축 사례를 가지고 4차 산업혁명 시대의 현장인 스마트팩토리에 대해 알아보고자 한다.

다품종 소량생산의 시대에는 양산하는 제품의 수량이 줄어 든다는 의미이다. 무엇보다 모든 제조공정들이 인공지능 기술과 사물인터넷(IoT)으로 초연결되어 공정 스스로 TPM(Total Productive Maintenance)의 자주보전활동까지 하게 될 가능성이 크다. 다시 말해 공정 스스로 고장을 진단하고, 위험을 알려서 불량품을 유발할 확률의 최소화가 가능해진다. 복잡해지는 제품의 구조와 복잡해지는 공정의 흐름 속에서 소수데이터(Small Data)의 불량품 및 불량데이터가 수집이 될 가능성이 있다.

통계(Statistics, 統計)라는 말 자체가 모와서 계산한다는 의미인데, 모을 데이터가 없다는 의미다. 스마트팩토리에서는 어느 공정에서는 단 1개, 1주일이 걸려도 5개미만의 불량데이터가 나올 가능성이 있다. 6시그마는 통계적으로 문제를 해결하는데 모을 데이터가 없게 된다. 4차 산업혁명의 현장에는 소수데이터(Small Data)분석이 가능한 새로운 방법론이 필요하다.

소수데이터(Small Data)의 불량품 및 불량 데이터를 가지고 근본원인을 신속하게 탐색하여 원인을 규명하고 조치를 하여 재발되지 않게 관리가 필요하다.

4차 산업혁명시대 소수데이터분석(Small Data Analysis) 방법론에 관심을 가져야 할 이유는 많다.

4차 산업혁명에 관련한 연구들이 발표되고 있고, 각각 서로 다른 입장으로 의견을 제시하고 있다. 많은 분야에서 4차 산업혁명을 중요한 개념으로 받아들여지고 있으나, 아직 일반화된 정의는 존재하지 않는다. Hermann의 연구에서는 "내 아들에게 4차 산업혁명이 실제로 의미하는 바를 설명할 수 없었습니다"라는 Audi 생산 현장 관리자의 말을 인용하였는데, "독일의 대부분의 회사는 4차 산업혁명이 무엇이고, 어떻게 생겼는지에 대해 명확하게 이해하지 못했다"는 것이 최근 4차 산업혁명의 정의에 대한 실태를 보여준 것이다(Eco, 2014).

Hermann은 〈표 9〉와 같이 2015년에 51편의 논문과 자료들의 키워드 분석을 통해 4차 산업혁명의 핵심기술로 CPS(Cyber Physical System: 이종 시스템들이 상호 연동되는 초연결 및 사물인터넷 실현을 위한 기술로서 센서와 액추에이터를 갖는 물리시스템과 이를 제어하는 컴퓨팅이 강력하게 결합된 네트워크 기반 분산 제어 시스템), IoT(Internet Of Thing: 초연결사회의 기반 기술 · 서비스이자 차세대 인터넷으로 사물 간 인터넷 혹은 개체 간 인터넷으로 정의되며 고유 식별이 가능한 사물이 만들어낸 정보를 인터넷을 통해 공유하는 환경, IoS(Internet of Service), Smart Factory(설계 · 개발, 제조, 유통 · 물류 등 생산 전체 과정에 정보 통신 기술(ICT)를 적용하여 생산성, 품질, 고객만족도 등을 향상시킬 수 있는 지능형 공장)를 도출하였다(Hermann, 2015).

| 표 9 | 4차산업혁명의 핵심기술 by Hermann

키워드	논문에 언급된 수
가상물리시스템 (Cyber Physical System)	46
사물인터넷 (Internet of Thing)	36
Smart Factory	24
Internet of Service	19
Smart Product	10
Machine To Machine	8
Big Data	7
Cloud	5

M2M(Machine to Machine: 기계와 기계 사이의 통신. M2M은 기계, 센서, 컴퓨터 등 다양한 장치들이 유무선 통신 기술을 이용해 서로 정보를 교환하게 함으로써 개별 장치들의 기능이나 성능을 개선시켜 주고 개별 장치들이 제공하지 못했던 새로운 지능형 서비스)은 IoT를 가능하게 하는 기술이고, Smart Product(기존 스마트디바이스(TV, 휴대폰 등)에 애플리케이션(앱)을 합쳐 만든 새로운 스마트기기로 SNS와 연계하는 게 특징)는 CPS의 구성요소이고, Big Data(디지털 환경에서 생성되는 데이터로 그 규모가 방대하고, 생성 주기도 짧고, 형태도 수치 데이터뿐 아니라 문자와 영상 데이터를 포함하는 대규모 데이터)와 Cloud(데이터를 인터넷과 연결된 중앙 컴퓨터에 저장해서 인터넷에 접속하기만 하면 언제 어디서든 데이터를 이용할 수 있게 저장하는 공간)는 데이터를 활용하는 데이터 서비스 개념으로 간주하여 기술로 고려되지 않았다.

클라우스 슈밥(2016)의 저서에서는 4차 산업혁명을 이끄는 주요 기술들을 물리학기술, 디지털기술, 생물학기술이라는 메가트랜드 관점에서 분류하였고, 핵심기술은 9가지로 분류하였다.

2016년 세계경제포럼(WEF: 전 세계의 저명한 기업인, 정치가, 학자, 언론인 등이 모여 세계경제에 관해 논의하는 권위 있는 국제민간회의이다. 1981년부터는 매년 1~

2월 스위스 휴양도시 다보스에서 2천여 명의 국제 유력인사들이 참가한 가운데 정치, 경제, 문화 등 광범위한 분야에 걸쳐 토론이 전개돼 일명 다보스포럼(Davos Forum)으로도 불림)에서는 현재 이미 4차 산업혁명 단계이고, 앞으로는 파괴적이고 혁신적인 변화를 가져올 것이라고 강조하였다. 세계경제포럼에서 정의하는 4차 산업혁명은 서로 단절된 분야들이 경계를 넘어 분야 별로 융복합을 통해 발전해 가는 '기술혁신' 패러다임이다(Lee, 2016).

▌표 10▐ WEF 2016 다보스포럼에서의 4차 산업 혁명의 키워드

Property	Core Technology	Key word
Technology Innovation	Artificial Intelligence Genetics Machine learning Biotechnology Robotics Nano technology 3D Printing	Smart Home Smart Grid Smart City Smart Factory
Manufacturing Innovation	3D Printing Cloud computing IoT, Big Data ICT	Smart Factory Production process center mutual communication system Customized small quantity production
Platform-Based Service	Block chain Bit Coin	Certificates issued by various countries, Claim, Medical record Vote, Financial transaction

4차 산업혁명의 속성 세 가지 관점은 서로가 연결되어 있고, 어느 부문을 강조해서 바라보느냐에 따라 차이가 있을 수 있다. 4차 산업혁명은 첫째 융복합하여 발전하는 기술혁신, 둘째 제조업의 산업구조 혁신, 끝으로 AI기반의 플랫폼 비즈니스라는 3가지 측면에서 파악될 수 있다(Lee, 2016).

우리나라는 4차 산업혁명 시대에는 제조업의 위상과 역할, 방법도 크게 변화될 것으로 보인다. 우리 미래의 변화는 제조업이 어떻게 경쟁력을 갖추어 나가야 하는지 그 방향을 수립하는 데서 출발이다.

국내의 경우는 2017년 발표된 현대경제연구원의 4차 산업혁명에 대한 기업 인식과 시사점이라는 리포트에서는 “4차 산업혁명에 대해 얼마나 알고 계십니까?” 라는 질문에 ‘전혀 모른다.’고 응답한 기업이 56.7%라고 조사된 바 있다. 기업들은 4차 산업혁명을 ‘새로운 일자리 창출’ (10.3%)보다는 ‘노동시장 붕괴’ (13.6%)에 더 많은 우려를 하는 것으로 나타났다(Ju et al, 2017).

▌표 11▐ 4차 산업혁명시대의 핵심기술

항목	응답율(%)
인공지능	32.5
사물인터넷	14.9
빅데이터	13.4
로봇	12.8
스마트팩토리	9.8
3D printing	7.6
기타	9.0

〈표 11〉은 현대경제연구원의 4차 산업혁명의 핵심기술에 대한 설문조사 결과이다. 2가지씩 중복응답 방식으로 조사되었다. 인공지능이라는 응답이 32.5%로 가장 많았고, 사물인터넷 14.9%, 빅 데이터 13.4%, 로봇 12.8%, 스마트팩토리 9.8%, 3D프린팅 7.6%로 나타났다. 기타에는 무인운송, 사이버보안, 생명공학, 가상물리시스템, 신소재, 블록체인(가상 화폐로 거래할 때 해킹을 막기 위한 기술)이 포함되었다(Ju et al, 2017).

물건을 고르면 카메라 센서로 감지하여 쇼핑목록을 확인하여 자동결재가 되고, 줄을 서서 비용을 지불할 필요가 없는 아마존의 쇼핑매장, 레이저 센서와 구글지도를 이용하여 최단거리로 목적지까지 배달하는 도미노의 자율 주행 피자 배달로봇, 사용자들의 이용 패턴을 분석한 빅 데이터로 실시간 교통상황과 지리적, 환경적 요소를 고려해 최적의 배송경로를 도출하고 있는 DHL 등은 4차 산업혁명 시대의 변화된 일상이다.

노빌리아의 스마트 팩토리

ICT(정보 기술(Information Technology, IT)과 통신 기술(Communication Technology, CT)의 합성어로 정보기기의 하드웨어 및 이들 기기의 운영 및 정보 관리에 필요한 소프트웨어 기술과 이들 기술을 이용하여 정보를 수집, 생산, 가공, 보존, 전달, 활용하는 모든 방법)를 활용하여 고객맞춤형 생산체제를 구축한 독일 유럽 주방가구 1위 업체 노빌리아는 85가지 색상 215가지의 크기로 고객 마음대로 조합하여 부품과 장비를 실시간으로 연결하여 고객맞춤형 생산기술을 활용한다. 고객 요구에 따라 작업 방식을 변경할 수 있는 유연한 생산 체계를 가지고 있다.

고객 요구사항을 바코드에 입력하고, 바코드에 입력된 고객이 요구한 재료로 로봇들이 생산한다. 생산 즉시 출하가 가능하여 재고비용이 없고, 1일 2600세트 씩 연간 약 580000세트를 세계 70개국에 제공하고 있다. 자동화 로봇을 이용하기 때문에 인건비가 비싼 독일에서 100% 생산하고 있다.

안드레아스 펭델 독일 Kaiserslattern 대학 교수는 '오늘날 트렌드는 개별화다. 고객들이 개별적으로 원하는 형태로 제품을 생산할 수 있어야 한다.'고 하였고, 데틀레프 젤케 독일연방인공지능연구소장은 '개인 맞춤으로 제작된 제품을 바로 새로운 고객에게 제공할 수 있어야 한다.'고 제조업이 나가야 할 길을 제시한 바 있다.

생산성과 품질과 고객만족을 모두 이끌어 내야 제조업의 미래가 있다. 지능형 공장. 스마트 팩토리를 통해 개인 맞춤형 제품, 다품종 소량 생산을 해야 한다.

GE 생각하는 공장

인도의 푸네 시에 위치한 GE의 생각하는 공장이 있다. 항공기 부품, 발전설비,

철도 부품, 의료진단기기 등 다양한 제품을 생산하는데, 생산 설비의 종류는 하나다. 부품과 기계와 사람 그리고 고객 데이터를 사물인터넷으로 연결하여 빅 데이터 분석을 하고 자체 개발한 분석 프로그램 프레딕스로 공정을 최적화 하였다. 공장이 스스로 생각하고 판단해 실시간으로 정확히 분석해 공정을 최적화 하고, 가장 가치 있는 제품을 생산할 수 있도록 만들어 제작비용을 20% 감소시키면서 생산성은 10% 증가시켰다. GE는 더 나은 생산방식을 위한 치열한 고민을 한 끝에 나온 결과라고 자평한다.

마세라티의 가상물리시스템

마세라티는 전 세계 고성능 세단 시장을 호령하는 회사다. 그러나 2012년 당시에는 연 판매대수가 6288대에 불과하였다. 가상물리시스템을 활용하여 2016년에는 6.6배 성장한 42100대를 생산하여 제조혁신을 이루었다. 가상물리시스템은 가상설계, 가상시제품, 시뮬레이션 과정 후에 양산하는 방식이다. 개발비용이 많이 드는 시험주행과 다양한 테스트들을 가상공간에서 필요한 만큼 수정하고 반복하여 30개월이 드는 개발기간도 16개월로 단축하고, 개발비용도 대폭절감하고, 복잡한 생산 공정도 10% 단순화 하였다.

이 회사들의 공통점은 개인맞춤형 상품을 제때에 제공하는 디지털 기술을 이용한 제조혁신을 이루었다는 점이다. 단시간에 구축할 수 있는 것이 아닌 끊임없는 연구와 노력이 들어갔다는 점과 현재도 계속 진행 중이라는 점이 중요하다.

인하대학교 경영학과 김연성 교수는 '고객 요구사항, 품질, 원가, 납기를 동시에 달성하려면 기계와 기계가 교신하는 센서를 통해 사람이 눈으로 보고, 측정하고, 기록하던 과정을 대체하고 기계들끼리 센싱한 정보를 공유하면서 알아서 척척 진행되는 개념이다.'라고 스마트 팩토리의 개념을 제시한 바 있다. 그리고 '전혀 다른 자동차를 생산방식의 혁신으로 만들어 내는 것, 고객이 원하는 대로 해주고, 고객이 원하는 스펙을 넣어주고, 고객이 원하는 시기에 제공해 주는 것'이 제조의 미래임을 강조하였다.

도요타

한계를 극복하는 1초의 힘으로 놀라운 경영성과를 낸 일본을 대표하는 도요타. 단 1초, 단 1cm를 줄이고 아끼며 개선과 혁신의 한계에 도전한다.

카이젠은 도요타의 개선 활동이다. 개선이라는 말 자체이다.

한 번에 3개의 나사를 집어 작업을 해야 하는 공정에서 작업자가 나사 박스에서 나사를 집으면 2개나 4개를 집는 경우가 있다. 그러면 불필요한 동작을 하게 된다. 도요타에서는 이런 상황을 '낭비'라고 부른다. 낭비 상황이 발생하면 도요타의 직원들은 모여서 머리를 맞대고 지혜를 모은다. 여러 가지 아이디어가 나오고 시행착오를 겪고 나면 새로운 장치를 만들어 낸다. 작업자가 발판을 밟으면 정확히 3개의 나사만을 들어 올리는 자석. 작업자는 나사를 셀 필요도 다시 돌려놓을 필요가 없다. 사소한 낭비도 그냥 지나치지 않고 함께 지혜를 짜내 제거해 내는 것이 도요타의 카이젠이다.

도요타의 자회사 기후차체공업의 생산 공장관리부문 조립부에서 근무하는 야마구치 키요타카 부장은 "작은 개선, 1초의 개선을 하려고 할 때 모든 사람이 함께 하면 더해졌을 때 큰 효과를 냅니다. 전원이 참여하면 조립부 700명이 1초의 개선으로 700초, 즉 10분 이상이 됩니다. 1초의 개선을 쌓아올려 큰 개선이 되도록 하는 것. 결국 키워드는 전원참여, 전원이 함께 하는 것입니다." 라고 하였다.

카이젠의 가시적인 성과는 원가절감으로 나타나지만 도요타가 더 중요하게 생각하는 것은 낭비를 제거하고, 제거하는 방법을 생각하는 사람. 바로 인재육성이다.

기후차체공업 차량생산부문 도장부에 근무하는 우스이 카즈마사 부장은 "카이젠은 수익을 높이는 동시에 인재육성에도 도움이 됩니다. 도요타의 현장에서는 인재육성이 제일 중요하기 때문에 끊임없는 개선을 통해 원가절감을 이루는 동시에 작업자의 역량도 향상시킬 수 있도록 노력하고 있습니다."라고 개선활동과 더불어 인재육성 즉 작업자의 역량 향상을 강조하였다.

도요타자동차의 기술 최고직인 하야시 남파치 고문은 "일부의 뛰어난 사람들이 훌륭한 것을 생각해내는 게 아니라 작업자 한 사람 한 사람이 1cm, 1초를 짧게 하려는 개선을 쌓아가는 문화를 만들어내는 것이고, 그것이 도요타의 강점이다." 라고 도요타의 강점이 카이젠 문화라고 하였다.

▌그림 2▐ Toyota Van and Minibus

〈그림 2〉와 같이 도요타의 승합차를 생산하는 기후차체 공장 2017년 초에 크기가 기존 생산 제품보다 2배 이상 큰 미니버스를 추가 생산하게 되었다.

막대한 시설 투자가 불가피한 변화였다. 부지 면적이 넓다면 레이아웃을 그려서 공장을 만들면 되었지만 기후차체는 부지 면적이 좁기 때문에 사용공간을 최소화하는 것을 목표로 하여 큰 투자 없이 기존 면적에서 20%만 늘리고 미니 버스 라인 추가 구축에 성공하였다.

〈그림 3〉과 같이 차량은 세로 방식으로 이동하는 것이 상식인데 일부 구간에서 차량을 가로 방향으로 움직이게 하여 필요 공간을 최소화 하였다.

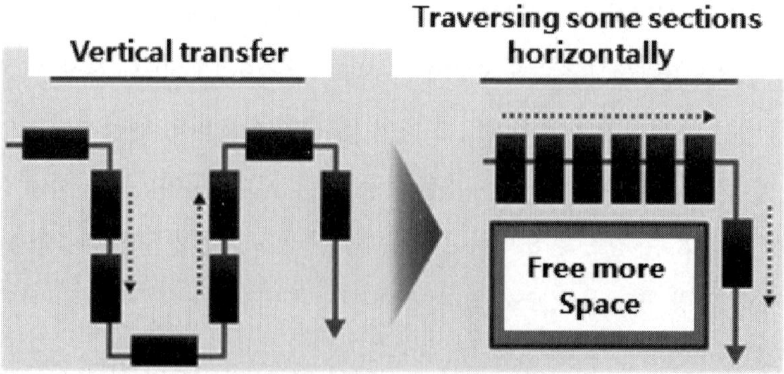

▌그림 3▐ Minibus production line

그 결과 도요타는 생산라인을 바꾸면서 〈그림 4〉와 같이 공정 수와 라인 수와 작업 시간까지 줄이는 성과를 달성하였다.

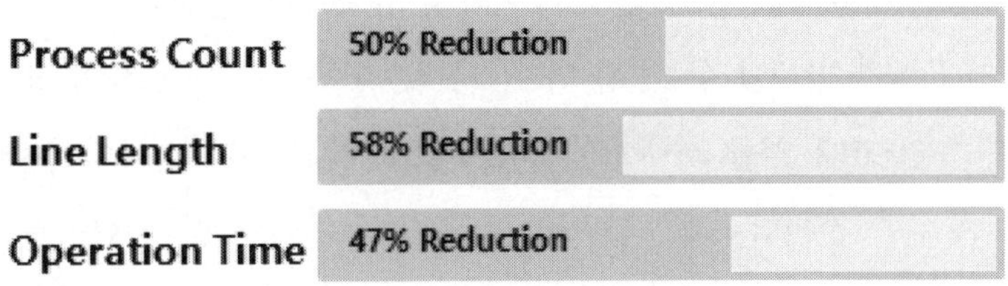

| 그림 4 | Innovation Performance

아이디어와 카이젠 문화가 이루어낸 혁신이다.

설계 단계에서부터 혁신을 시도하여 성능이 좋아지면서 부품의 공용화가 전개되어 생존원가도 낮아진다.

〈그림 5〉와 같이 기업의 규모가 커질수록 고려해야 할 변수는 늘고, 작업은 더욱 어려워진다. 이 문제를 해결하지 못하면 기업이 커질수록 효율성은 오히려 떨어지는 규모의 불경제란 문제가 발생한다.

도요타의 생산하는 차종은 100종 이상, 엔진의 종류만 800여 가지에 이르는 상황이다. 자동차 1대에 약 30,000개의 부품이 들어가는 것을 감안하면 생산 공정의 품질관리가 불가능한 상태였다. 이것을 '복잡성의 폭발' 이라고 한다.

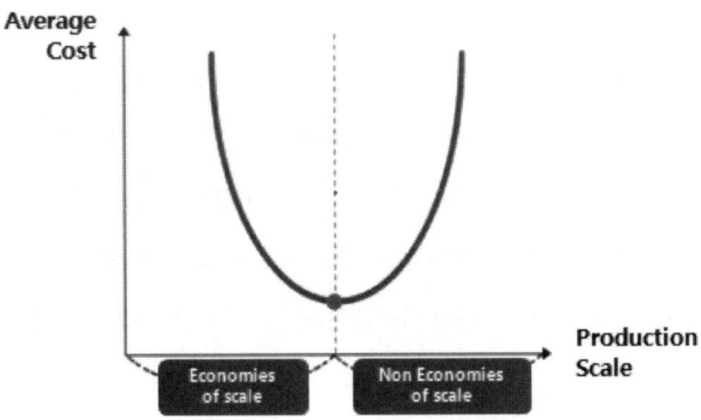

| 그림 5 | Economies of scale & Non Economies of scale

〈그림 6〉에서처럼 '복잡성의 폭발'은 도요타를 폐업의 위기로 몰고 갔던 2010년 대규모 리콜 사태의 근본적인 원인 중 하나였다. 왜 다시 도요타인가의 저자 최원식 작가는 "기업의 경우의 수와 제품의 경우의 수의 복잡성이 관리할 수 없는 단계에 이르면 원가 문제가 발생할 수 있고, 더 큰 문제는 제품에서 큰 결함이 발생할 가능성이 커진다. 1000만대 리콜 사태에서 겪었듯이 그런 사태가 반복되면 어떤 기업도 살아남을 수 없을 것이다."라고 '복잡성의 폭발'이 가져다 줄 위험성을 나타냈다.

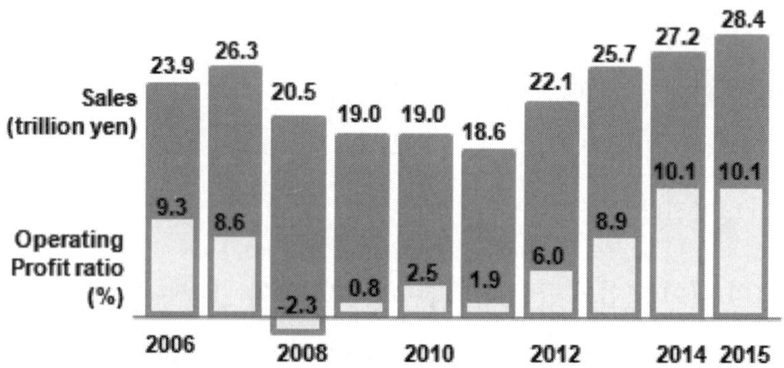

▌그림 6▐ Annual Sales and Operating Proceeds of Toyota.

'복잡성의 폭발'에 대한 위험성을 대비하기 위해 도요타가 선택한 방법이 바로 TNGA (Toyota New Global Architecture)다. TNGA는 자동차의 각 기능에서 공통의 기능을 뽑아내어 이를 하나의 레고블럭처럼 설계하는 전략이다. 하부와 엔진 등 주요부품을 공용화 할 수 있기 때문에 설계 기간과 생산 비용을 줄일 수 있다. 외관이나 내장 디자인 등은 많은 조합이 가능하기에 고객들은 더 많은 선택지를 가진다. 즉 만드는 사람에게는 단순함을 고객에게는 다양성을 제공하는 설계 전략이다. 〈그림 7〉과 같이 TNGA와 유사한 개념인 폭스바겐의 MQB[2)]는 생산 공정을 새로 지어야 했지만 도요타는 끊임 없는 개선활동으로 현장을 최적화한 도요타는 기존 설비의 부분 개조로 TNGA를 실현할 수 있었다. 그 차이는 매출 대비 투자액 비교에서

2) MQB는 독일어로 Modularer Querbaukasten (Modular Transverse Matrix)의 약자로, 횡배치 엔진 차량용 모듈 매트릭스이다.

선명하게 나타났다.

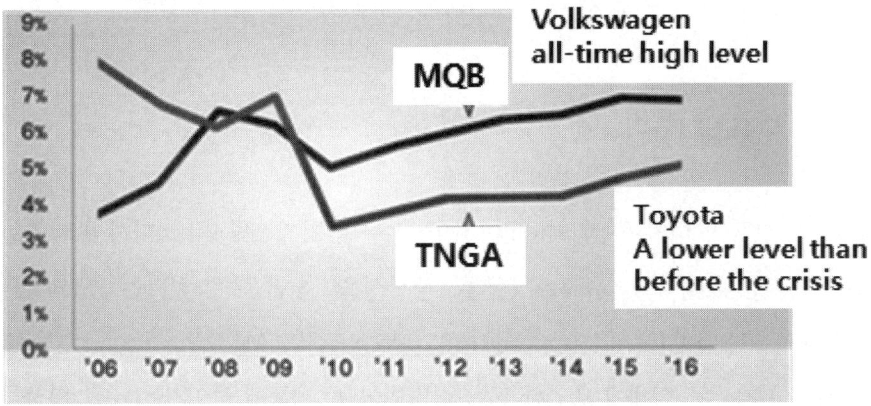

| 그림 7 | 도요타와 폭스바겐의 투자액 비중

폭스바겐은 MQB도입 이후 투자액 비중이 사상 최대 수준으로 급증했지만, 도요타는 TNGA도입 이후 리콜 사태 이전 보다 낮은 수준을 유지했다. 도요타의 TNGA가 원가 면에서 더 유리한 고지를 차지한 것. 즉 혁신경쟁에서 도요타의 개선 역량이 강력한 무기가 된 사례이다.

도요타를 덮쳤던 최악의 위기들 2008년 리먼쇼크, 2009년 수퍼엔고, 2010년 대규모 리콜, 2011년 동일본 대지진과 태국 대홍수. 하지만 그 위기들을 극복하고 2015년 사상 최대의 실적을 기록한 도요타. 그 마술 같은 부활의 비밀은 단 1초, 1cm를 줄이기 위한 끊임없는 개선과 혁신이었다. 그리고 아직도 일하는 것의 95%가 낭비라고 외치는 도요타의 도전은 현재진행형이다.

규모의 경제와 불경제의 경계와 같이 현재 산업계의 모든 제품이나 부품이 공정의 복잡성과 더불어 제품 설계 자체의 복잡성으로 인해 불량 문제에 대한 원인을 파악하기가 더 어려워졌다.

복잡성을 그대로 인정하고 분석하는 빅데이터 분석이 필요하다 샘플링을 해서 모집단을 대표하기란 상당히 복잡해지고 어려워졌다. 또한 복잡성을 단순화하여 분석하는 Small Data Analysis기법인 샤이니 시그마가 필요한 시기가 4차 산업혁명 시대이다. 이 책에서는 2부에 샤이니 시그마에 대해 자세히 기술하였다.

LG전자의 모듈러디자인

LG전자의 모듈러 디자인 (Modular Design)은 몇 가지 모듈을 조합하여 다양한 제품을 만들어 소비자의 요구는 물론 생산성을 높힐 수 있다는 도요타의 TNGA(Toyota New Global Architecture)와 폭스바겐의 'Modular Toolkit' 등 자동차 회사들이 자동차 설계에 도입한 전략적 방법이다. 제품에 들어가는 주요 부품들을 표준화하여 다양한 모델에 사용할 수 있도록 하는 기법이다.

모듈러 디자인은 생산과 유통, 서비스 등의 모든 과정에서 효율을 크게 높여 비용을 절감함과 동시에 수익성을 올려, 고객들에게 다양한 제품을 합리적인 가격으로 제공할 수 있다. 신규 시장에서 발생하는 니즈에 대응하기에도 유리한 방식이다.

LG전자가 전 세계 시장에서 생산하는 세탁기 모델 수만 1300여개다. 드럼 세탁기에 들어가는 부품이 약 300종임을 감안했을 때 이를 하나하나 개발하게 되면 경우의 수는 산술적으로 390,000여 가지가 된다. 여기에 생산, 유통, 영업, AS, 상품기획, 마케팅, 디자인, SCM, 구매, SVC, 기획 등 사업 전영역의 변수까지 더해지면 복잡성은 관리할 수 없게 된다. 매출은 늘어나지만 영업이익이 나지 않는 규모의 불경제 문제가 제기된다.

LG전자 냉장고사업부에서는 냉장고의 자동차 엔진에 해당되는 부품 컴프레서가 있다. 공기를 압축하여 온도를 낮추는 부품이다. 최근까지 LG 냉장고에 사용하는 컴프레서는 정속 컴프레서, 인버터 컴프레서, 리니어 컴프레서 3가지를 사용하였다.

성능은 리니어 컴프레서가 가장 뛰어났지만, 원가 부담 때문에 모든 모델에 적용하지는 못한 상황에서 모듈러 생산을 위해 원가 부담에도 리니어 컴프레서를 전 모델에 적용하였다. 그 결과 10년 이상 정체되었던 영업이익률은 3배 이상 개선이 되었고,

20% 이내의 개발일정 준수율은 70%이상 상승했으며, 불량률은 50%로 줄었다. 저가형 제품에도 고가의 리니어 컴프레서를 적용하여 개별 단가는 비싸졌을 텐데 전체 이익은 늘었다. 바로 모듈러 디자인 적용으로 보이지 않은 비용을 감소시킨 결과이다.

LG전자 냉장고 연구개발 담당 정성해 상무는 "리니어 컴프레서 원가가 비쌌지만 그 원가를 낮추는 활동들은 한계가 있었고, 집중할 수 없었다. 그런데 리니어만 앞으로 생산을 한다 했더니 모든 컴프레서를 만드는 개발자들과 생산자들이 리니어 컴프레서만 신경을 쓰고, 리니어 컴프레서의 물량이 늘어나 고정비가 줄고 결국은 컴프레서 한 대당 가격을 낮출 수 있었다."고 모듈러 디자인이 경영 성과에 기여한 바가 크다고 인정하였다.

급변하고 있는 4차 산업혁명시대에 적합한 품질경영기법을 새롭게 만들어 내기보다는 기존의 품질경영기법인 6시그마에 빅 데이터 분석 기법을 접목하여 문제 해결을 해야 한다. 6시그마 전문가인 MBB를 활용하여 조기에 데이터과학자로 육성하여 경영성과에 기여할 수 있도록 제도적 보완이 필요하다.

소수의 불량에 대한 데이터 분석을 통한 원인을 1~2주 안에 신속하게 찾는 방법도 개발해야 한다. 소수 데이터 분석과 빅 데이터 분석을 통한 품질을 개선하는 품질경영기법 도입이 필요하다.

이 책을 통해 소수 데이터 분석(Small Data Analysis)이 가능한 샤이니 시그마를 전통적인 6시그마 기법과 샤이닌 기법(Shainin Method)을 바탕으로 개발하여 사례와 함께 설명하였다. 또한 4차 산업혁명시대에 필요한 빅데이터 분석이 가능한 데이터과학자를 기업에서 조기에 육성하여 활용할 수 있도록 6시그마 전문가인 MBB의 활용방안을 제시하고, 6시그마의 빅데이터 접목 사례를 바탕으로 4차 산업혁명시대에 적합한 6시그마 방향에 관하여 소개하고자 한다.

통계학자 도리안 샤이닌

미국 캘리포니아 출신의 통계학자 도리안 샤이닌(Dorian Shainin)이 제안한 샤이닌 기법 연구에 대해 정리하면 〈표 12〉와 같다. 모든 연구는 샤이닌이 직접 개발하였고, 6시그마와 같은 프로세스적인 방법론은 제안하지 않았다. 샤이닌이 제안한 기법들은 개별적으로 연구논문 형태로 발간되었다. 모듈 식으로 각각의 방법론들이 1950년대에서 30여 년에 걸쳐 논문으로 발간되어 왔다.

| 표 12 | 샤이닌 기법 논문

연구논문	연구자
1. Lot Plot	Shainin (1946)
2. Reliability Service Monitoring	Shainin (1948)
3. Pre control	Shainin, Purcell, Carter, Satterthwaite (1952)
4. Component Search	Shainin (1956)
5. Operation Serarch	Shainin (1958)
6. Tolerance Parallelogram	Shainin (1960)
7. Overstress Testing	Shainin (1964)
8. B vs C	Shainin (1968)
9. Paired Comparisons	Shainin (1971)
10. ISO Plot	Shainin (1972)
11. Variable Search	Shainin (1973)
12. Randomized Sequencing	Shainin (1976)
13. Resistant Limit Transform	Shainin (1976)
14. Rank Order ANOVA	Shainin (1977)

국내에서는 이 기법이 알려진 바가 전혀 없었으며, 인용을 하거나 후행 연구를 진행한 경우도 없었다. 샤이닌은 문제에 가장 영향이 큰 원인인자를 레드엑스(Red X)라고 부르고 그 다음의 영향이 큰 인자를 핑크엑스(Pink X)라고 불렀다. 아래의 연구들은 레드엑스(Red X)를 찾는 방법들인데, 데이터가 연속형(Continuous type)일 경우와 이산형(Discrete type)일 경우를 구분하였고, 제품이나 부품에서 레드엑스(Red X)를 찾을 때 사용하는 방법들을 각각 Component Search기법과 Operation

Search기법들을 이용하여 찾을 수 있다고 주장한다.

연구논문이 발간될 당시에는 산업계나 학계에서 큰 주목을 못 받은 것으로 보인다. 품질경영관련 책이나 통계적인 수법들을 다루는 책이나 통계관련 책자에서 도리안 샤이닌(Dorian Shainin)이라는 캘리포니아 출신의 통계학자의 이름은 쉽게 찾아볼 수 없었다.

학술적이지 않고, 간단하고 쉽다는 이유에서 주목받지 못했을 수도 있고, 샤이닌이 제안한 기법들이 통계적이라고 주장할 수 없는 요소들이 많아서 주목받지 못했을 수도 있다.

샤이닌은 기법들을 개별로 연구 진행하였다. 모듈 식으로 각각의 방법론들이 1950년대에서 30여 년에 걸쳐 논문으로 발간되어 왔다.

Raunak Gupta 외(2016)의 연구에서 샤이닌 방법론의 프로세스를 영문 첫 글자를 따서 〈표 13〉과 같이 각 단계별 영문 앞글자를 따서 'FACTUAL'로 프로세스형태의 방법론으로 정리하였다. 첫 번째 포커스(Focus) 단계는 기술 프로젝트를 사업의 기회로 전환하는 것에 초점으로 정의된다. 두 번째 어프로치(Approach) 단계는 Green Y[3] 정의, 전략 개발, 측정 시스템을 검증으로 정의된다. 세 번째 커버리지(Coverage) 단계는 Red X[4] 정의, Best case와 Worst case를 비교함으로 정의된다. 네 번째 테스트(Test) 단계는 Red X 확인을 위한 시험으로 정의된다. 다섯 번째 언더스탠드(Understand) 단계는 Red X와 Green Y의 관계 이해, 상호 작용으로 정의된다. 여섯 번째 어플라이(Apply) 단계는 시정 조치 실행 및 유효성 확인, 절차 업데이트, 프로세스 모니터링으로 정의된다. 일곱 번째 레버리지(Leverage) 단계는 이익달성으로 정의된다. 샤이닌 방법론의 절차와 6시그마와 GM사가 도입하여 변경 적용하는 샤이닌 기법의 절차를 각각 비교하였다.

---

3) Green Y : 문제의 현상, 종속변수, 고객의 관심(요구)사항. 개선이 되면 돈을 벌 수 있다는 의미에서 달러(dollar) 색 사용.
4) Red X : $\Delta y = f(\Delta x)$; 변동 Y의 변화에 초점을 맞춰 가장 큰 값을 가지는 항목이자, GM社 Shainin method의 명칭.

| 표 13 | 샤이닌 기법과 6시그마 절차 비교

<table>
<tr><th>샤이닌 기법</th><th>6시그마</th><th>GM 사가 적용한 샤이닌 기법</th></tr>
<tr><td>Focus</td><td>Define</td><td>Subject (Problem Definition)</td></tr>
<tr><td>Approach</td><td>Measure</td><td>Identify (Project Defnition)</td></tr>
<tr><td>Coverage</td><td rowspan="2">Analyze</td><td rowspan="2">Analyze (Solution Tress)</td></tr>
<tr><td>Test</td></tr>
<tr><td>Understand</td><td rowspan="2">Improve</td><td>Plan</td></tr>
<tr><td>Apply</td><td>Implement</td></tr>
<tr><td>Leverage</td><td>Control</td><td>Evaluate</td></tr>
</table>

샤이닌 기법(Shainin Method)을 최초 제안한 도리안 샤이닌이 직접 문제 해결 절차를 제시하지 않아 6시그마 단계에 맞게 Raunak Gupta 외(2016)의 연구에서 제안한 절차와 비교하였다. 6시그마의 Define에 해당하는 단계는 포커스(Focus) 단계이다. 6시그마의 Measure에 해당하는 단계는 어프로치(Approach)단계이다. 6시그마의 Analyze에 해당하는 단계는 커버러지(Coverage)단계와 테스트(Test)단계이다. 6시그마의 Improve에 해당하는 단계는 언더스텐드(Understand)단계이다. 샤이닌 기법의 어플라이(Apply)단계는 6시그마의 Improve단계에 속하면서 Control 단계에 속한다. 6시그마의 Improve단계는 치명인자 여부를 판명하고, 제품에 적용하여 증명하는 단계이고, Control단계는 Improve에서 증명한 사항이 잘 관리되고 있는지 확인하는 단계이다. 샤이닌 기법의 어플라이(Apply)단계는 6시그마의 Control단계의 속성을 각각 내포하고 있다. 끝으로 6시그마의 Control 단계에 해당하는 단계는 레버레지(Leveage)단계이다.

1.2 GM의 샤이닌 기법 활용

1980년대부터 샤이닌 기법을 사용한 GM사는 샤이닌 시스템 기법을 기업에서의 문제 해결기법으로 채택하고 충분한 이해가 없는 경영자들까지도 이해하기 쉽도록 별도의 절차를 제시하였다.

〈표 14〉는 GM사에서 사용하는 샤이닌 기법의 절차이다. 첫 번째 서브젝트(Subject) 단계는 사업상 측정된 문제 항목의 요약, 문장으로 보고서의 목적을 기술로 정의된다. 두 번째 아이덴티티(Identity) 단계는 Green Y 측정이 포함된 프로젝트 요약으로 정의된다. 세 번째 어널라이즈(Analyze) 단계는 Red X 후보를 찾고, Red X 인지 확인으로 정의된다. 네 번째 플랜(Plan) 단계는 시행조치를 요약으로 정의된다. 다섯 번째 임플리먼트(Implement) 단계는 시행조치에 대한 요약 및 왜 선택했는지 보고로 정의된다. 여섯 번째 이벨류에이트(Evaluate) 단계는 개선된 Green Y에 대해 관리도 요약 및 개선 금액 기술로 정의된다.

| 표 14 | 샤이닌 기법의 도구

<table>
<tr><th>GM 샤이닌 기법</th><th>도구</th></tr>
<tr><td>Subject (Problem Definition)</td><td>(Problem Definition)</td></tr>
<tr><td>Identify (Project Defnition)</td><td>Strategy Diagram
ISO Plot
Sensory Scoring Transform
Multi vari
Concentration Diagram</td></tr>
<tr><td>Analyze (Solution Tress)</td><td rowspan="2">Concentration Diagram
Progressive Removal
Operation Search
Active Operation Search
Component Search
Paired Comparison
Group Comparison
B VS C Chart</td></tr>
<tr><td>Plan</td></tr>
<tr><td>Implement</td><td>Factorial Design
Tolerance Analysis</td></tr>
<tr><td>Evaluate</td><td>Run Chart, P Chart</td></tr>
</table>

6시그마의 절차와 다른 점은 샤이닌 방법론은 프로세스 중심보단 기법 중심이다. 문제 해결 실무자들은 문제를 해결하기 위해서 필요한 도구들을 가져다 쓸 수 있는 것이다. 특히 중시되는 것은 불량 문제를 해결하기 위해서 먼저 최악 제품 WOW (Worst Of Worst)와 최상 제품 BOB (Best Of Best)을 비교하여 차이를 통해 현재 불량의 해결 실마리를 찾는다. 불량(Y)에 영향을 주는 원인 인자(X)를 찾기 위해 가설을 세우거나 예측하지 않고, 불량 현상에 대해 Y를 관찰하고 가장 Y에 영향을 주는 X를 선택하여 문제 해결을 한다. X 선정과정이 6시그마 기법과 다르다. Y에 가장 영향을 많이 주는 X를 Red X라고 부른다. Red X를 찾는 것이 샤이닌 방법론의 핵심이다. GM사는 샤이닌 방법론을 Red X라고 부르고 있다.

샤이닌 기법을 1980년대 도입하여 약 30년 간 추진한 GM사에서는 6시그마 팀과 별도로 전담 팀이 있고, GM사에 맞게 형태를 변형하여 사용하고 있다. GM사는 샤이닌 기법의 전문가를 체계적으로 선발하고, 6시그마의 Belt제도와 유사한 형태의 인증(Certification)제도가 있다. 샤이닌 기법의 효과가 있음을 증명하는 사례이다.

1.3 6시그마와 샤이닌 기법의 장단점

〈표 15〉은 6시그마와 샤이닌 기법(Shainin Method)의 장단점을 비교하였다.

6시그마의 장점은 첫째, 체계화된 절차에 있다. 둘째, 검증을 중시하고, 셋째, 측정 시스템을 검토하고, 넷째, 숨은 인자를 찾아낸다. 다섯째, 관리 단계에서 관리도를 통한 지속적인 모니터링이 가능하다.

6시그마의 단점은 첫째, 정의 단계에서 정리할 양이 많다. 둘째, 측정에 필요한 샘플 수를 많이 필요로 한다. 셋째, 치명인자를 수렴하기 위해 잠재인자를 모두 파악한다. 넷째, 초보자는 많은 학습이 필요하다. 다섯째, 과제 수행에 3개월 이상의 시간이 필요하다.

샤이닌 기법의 장점은 첫째, 비교적 적은 학습량으로 적용이 가능하다. 둘째, BOB과 WOW의 차이로 근본원인을 찾으므로 간단하고 소수의 데이터 수로 과제 진행이 가능하다. 셋째, 과제 수행에는 2주의 시간이 소요된다. 넷째, 비교적 간단하다.

샤이닌 기법의 단점은 첫째, 체계화된 프로세스가 없다. 둘째, 측정시스템 분석을 하지 않는다. 셋째, 통계적 검증을 대부분 하지 않는다. 따라서 통계적 검정이 안 되는 경우가 있어서, 수평전개가 안 되는 경우가 많다. 넷째, 개별 문제 해결로만 멈춘다. 다섯째 현장 작업자들 능력 향상에 미흡하다는 점이다.

| 표 15 | Six Sigma & Shainin System Advantages and Disadvantages

구분	6시그마	샤이닌 기법
장점	체계적 검증된 방법 최적화	쉽다 단순하다 빠르다 데이터의 형태에 관계없이 수행이 가능
단점	복잡함, 어려움 일정량의 통계적 지식 표본 데이터의 의존적 3개월 이상의 기간 연속형 데이터 선호	체계적이지 못함 예측 불가능. 통계적이지 않음 전문가의 경험과 직관에 의존적 증명이 안됨

6시그마와 샤이닌 기법의 장점을 결합하고, 각각의 단점은 보완하여 샤이니 시그마를 개발하였다.

제2부 샤이니 시그마 - SNOOPY법

샤이닌 기법(Shainin Method)과 6시그마 기법의 장점을 접목하여 현장에 적합한 샤이니 시그마(Shiny Sigma)를 개발하였다. 샤이니 시그마는 개발자인 저자의 이름의 '희(熙)'에서 따온 '빛나다'는 의미로 문제해결 분야 및 6시그마 분야에 한 줄기 빛이 되었으면 하는 바람에서 붙힌 이름이다. 〈표 14〉와 같이 샤이니 시그마의 기본 개념을 5가지로 정의한다. 6시그마의 절차를 중시하면서, 치명적 인자[5], Big X를 빨리 찾는 것이다. 불량 현상(Y)의 변화에 초점을 맞추고, Y의 변동에 영향을 제일 많이 주는 근본 원인 하나를 찾는 것이다. 해결방법은 최상품과 최하품의 차이에 집중하여 쉽고 빠르게 문제 해결을 도모한다. 샤이닌 기법은 최상품과 최하품의 차이가 드러나지 않은 경우는 사용하기가 어렵다. 이를 보완하기 위하여 샤이니 시그마에서 제품/부품/공정을 탐문하는 방법을 개발하였다.

우리는 많은 양품을 만들고 극소수의 불량을 만든다. 양품과 불량을 함께 만들고 있다면 양품만 만들 수 있다고 믿는다. 샤이니 시그마는 양품만 만드는 방법을 찾는 것이다.

근본 원인을 찾는 과정을 기록해서 담당자가 바뀌더라도 계속 이어갈 수 있게, 기존의 경험과 기술을 활용하고, 새로운 경험과 기술은 축적하게 하는 것이 샤이니 기법의 기본 개념이다.

---

5) 소수의 치명인자 (Vital few) 중에서 가장 치명적인 인자. Shainin 방법론의 Red X와 같음.

| 표 16 | 샤이니 시그마 기본 개념

개념	내용
Y to X	문제(Y)를 관찰함으로 원인(X)를 찾는다. 가설이나 가정하지 않고, 관찰된 사실에 집중한다. 명확한 근본원이 없는 문제는 없다.
Big X	Y의 변동에 집중. Y의 변동에 가장 큰 영향을 주는 X.
차이	문제해결을 쉽고 빠르게 하기 위해 차이에 집중한다. Big X는 최상품과 최하품 사이의 차이가 가장 큰 항목이다.
Tree구조	프로젝트 Tree를 지속적으로 업데이트하며 진행한다. Big X를 찾아가는 과정을 구조화하여 보여준다. 연구자가 중간에 바뀌더라도 과제를 이어갈 수 있다.
경험과 기술	전문가의 경험과 기술. 이론적 배경지식으로 통계분석을 대체하는 효과를 본다.

샤이니 시그마는 원인을 찾아가는 과정으로 지속적으로 핵심원인을 수렴한다. 문제를 해결하기 위해 가장 핵심이 되는 원인인 Big X를 찾는다. 이때는 통계적인 기법에 의지하지 않고, 과거의 경험과 이론적 배경 기술 즉 전문적인 통찰력을 활용한다. 핵심원인을 찾기 힘든 과제에 부분적으로 실행하고, 동일한 제품의 문제에도 해결할 때마다 Big X가 다를 수 있어서 수평 전개는 어렵다. 가장 좋은 장점은 핵심원인을 찾아 문제를 해결하는 데 소요되는 기간이 1주~2주라는 점이다. 이 기간을 넘어가면 샤이니 시그마로 풀어가기 어려운 문제이다. 〈표 17〉은 샤이니 시그마와 6시그마를 비교하여 정리하였다.

| 표 17 | 샤이니 시그마와 6시그마 비교

구분	샤이니 시그마	6시그마
사고	수렴적 사고	확산적 사고
집중	문제 해결	기회 발견 (개선 → 최적화)
방법	전문적 통찰력 (전문가 역량)	통계기법
실행	부분적 실행	전사적 실행

▌표 17▐ 샤이니 시그마와 6시그마 비교 [계속]

구분	샤이니 시그마	6시그마
적용	참고만 가능	수평 전개
기간	1~2 주	최소 3개월 이상

샤이니 시그마는 Y to X의 관점으로 문제를 해결한다는 점에서 6시그마와 접근 방식이 완전 다르다고 할 수 있다. 6시그마는 치명적인 소수의 X를 찾아 X의 최적값으로 Y를 최적화하는 방식이다. 문제의 원인을 찾기 위해 모든 잠재인자를 나열하여 통계 분석 기법을 활용하여 원인 인자에 대한 통계적 검증을 수행한다. 문제의 해결과 동시에 최적화를 하고, 동일한 문제에 대해서는 수평전개가 가능하다. 6시그마 과제는 최소 3개월 이상이 걸리고, 평균적으로 4개월 정도의 기간이 통상 소요된다.

관찰기반 의사결정 방법

샤이니 시그마는 Y를 관찰하면서 X를 찾아가는 관찰기반의사결정(Observation based on Decision making) 방법이다. 가설(Hypothesis)을 세우지 않는다. 관찰된 현상을 보이는 대로 파악하여 문제를 해결한다. 〈그림 8〉에서 나타낸 바와 같이 복잡한 문제를 단순화하여 문제의 해결을 단계적으로 쉽게 접근할 수 있다.

▌그림 8▐ 복잡한 문제를 쉽게 설명해주는 샤이니 시그마

6시그마가 실험적 방법(Experimental methode)이라면 샤이니 시그마는 시험적 방법(Trial method)이다. 샤이니 시그마를 현장에서 사용하기 위해서 쉽게 따라할 수 있도록 개발되었다. 각 단계별 샤이니 시그마 사용 도구들의 설명은 〈표 18〉에서 정리한 바와 같다.

▌표 18▐ 샤이니 시그마 절차

단계	문제 선택 Select Problem	비교대상 선정 Need Good & Bad	Big X탐색 Observe Big X	Big X 확정 Obtain Big X	적용 Product application	모니터링 Yield Check
실행 항목	문제 파악	비교대상 선정	Big X 후보 탐색	Big X 확정	제품 적용을 위한 검증	검증결과 확인 (M+3)
사용 도구	Project Tree	문제집중도 차이흐름도 차이비교도	공정탐색 부품탐색	대응비교 그룹비교	B/A Test C Test	모니터링 관리도
6 시그마	Define	Measure	Analyze	Improve		Control

제1장 'S' 문제 선택(Select Problem)

샤이니 시그마의 1단계는 문제를 정의하는 단계다. 1단계가 Project Tree의 시작이다. 발생된 문제에 초점을 맞추고 육하원칙에 의하여 언제 어디서 어떤 유형의 불량이 어떻게 발생했는지 기록하고, 왜 발생했는지 어떤 공정에서 발생했는지 문제가 발생된 원리와 현상을 기록한다. 발생된 문제 Y를 해결하는 것이 목표가 되고, 이것을 샤이니 시그마에서는 Target Y라고 부른다.

샤이니 시그마에서는 모든 문제를 3가지로 구분하여 정의한다. 첫 번째 외관 문제는 외관에 흔적이 남는 문제다. 스크래치나 그을림, 찍힘, 파손 등의 문제다. 외관 문제는 계수형 데이터이다. 두 번째 동작 문제는 문제가 동작 중에만 발견이 되는 문제다. 동작을 하지 않으면 문제를 발견할 수 없는 것이 특징이며, 소음이나 진동 등이 동작 문제에 속한다. 동작 문제는 계수형과 계량형 데이터이다. 세 번째 치수 문제는 기구 외관의 벌어짐으로 인한 문제다. 치수 문제는 계량형 데이터이다. 치수 문제는 외관 문제와 동작 문제가 발생되는 원인이다.

문제 정의 단계에서는 문제를 파악하고, 문제 유형을 정하고, Target Y를 수립한다. 목표는 Target Y에 가장 큰 영향을 주는 X를 찾는다는 것이다. 〈그림 9〉에서와 같이 Big X는 Target Y에 가장 영향을 주는 X이다. 하나의 Big X를 찾아 해결되면 그 다음 영향을 많이 주는 X가 Big X가 된다. Target Y값에 영향도가 큰 X가 Big X이다. 원인이 없는 결과는 없다. 결과에는 반드시 기인하는 X가 있고, 그 중 가장 치명적인 역할을 하는 원인 X가 있다. 그 X를 Big X라 부르고, Big X를 찾으면 자연스럽게 문제 해결의 실마리를 찾을 수 있다.

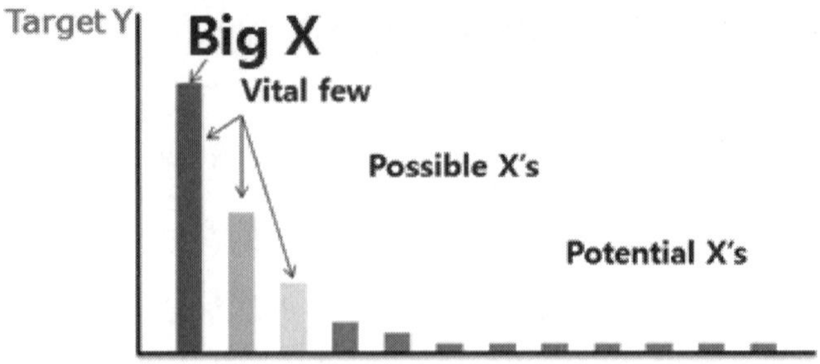

❙그림 9❙ Big X Concept

샤이니 시그마는 모든 진행 현황을 〈그림 10〉과 같이 Tree구조로 전개해 간다. 문제가 되는 제품의 특징을 이해하지 못하는 사람에게도 논리적으로 설명하기 좋은 구조를 갖고, 과제를 수행하는 자가 바뀌더라도 쉽게 과제를 이어갈 수 있다는 장점을 갖는다. 샤이니 시그마에서는 〈그림 10〉을 프로젝트트리(Project Tree)라고 부른다.

프로젝트 트리의 가장 윗 부분은 과제의 시작이다. 불량 현상을 기입한다. 언제 어디서 무엇이 얼마나 불량이 났는지 정도를 기입하고, 상세한 정보는 트리의 오른편에 기입한다.

다음으로는 불량에 대한 Big X를 단계적으로 탐색을 시작한다. 수행하는 프로젝트명 기입을 한다.

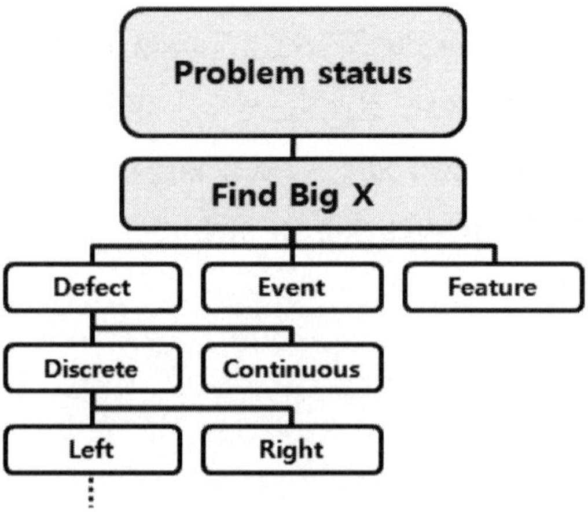

❙그림 10❙ Project Tree

샤이니 시그마에서는 과제의 시작과 끝을 프로젝트 트리로 작성을 한다. 샤이니 시그마로 풀 수 있는 모든 과제는 프로젝트 트리로 모두 설명이 가능하다. 샤이니 시그마를 진행하면서 나온 결과들을 프로젝트 트리에 갱신하면서 과제를 완성해 간다. 〈표 19〉와 같이 샤이니 시그마에서는 모든 불량 문제를 3가지 유형으로 구분을 하고, 불량 문제의 유형을 결정한다.

❙ 표 19 ❙ 샤이니 시그마 문제유형

유형	불량 예	데이터
외관불량 (Defect)	스크래치, 크랙, 탄 자국 등	이산형
동작불량 (Event)	동작중 발생하는 문제 소음 진동 등	이산형 연속형
치수불량 (Feature)	치수 문제 갭 차이 등	연속형

외관문제는 흔적이 남는 문제로서 'Defect'로 명명한다. 계수형 데이터로 측정이 되는 문제를 말한다. 페인트의 먼지(dust)나 크랙(crack), 스크래치(scratch), 주물 기공 등이 속한다. 동작문제는 제품이 작동 중에만 발견할 수 있는 문제로서 'Event'로 명명한다. 소음이나 진동, 전압강하, 부팅 불량, 브레이크 떨림 등이 속한다. 동작문제는 계수형과 계량형으로 측정이 되는 문제다. 치수문제는 외관의 치수에 대한 문제로 'Feature'로 명명한다. 일반적인 공차(tolerance)나 갭(gap)문제를 말한다. 치수문제는 계량형으로 측정되는 문제를 말한다.

제2장 'N' 비교 대상 선정(Need Best and Worst)

두 번째 단계는 비교대상 선정 단계이다. 샤이니 시그마는 양품(Good or Best)과 불량품(Bad or Worst)을 비교하여 그 차이에 초점을 맞추고 불량품의 원인을 찾아 과제를 해결한다. 〈그림 11〉과 같이 서로의 차이가 큰 제품을 선정하는 것이 핵심이다.

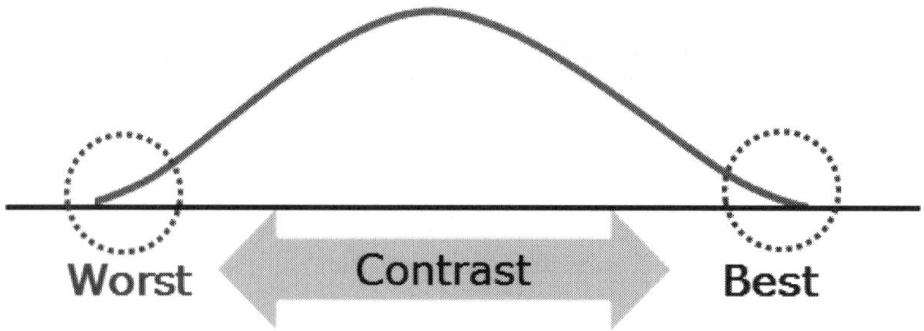

▌그림 11▐ Worst and Best concept

비교대상을 선정할 때 차이흐름도(Difference Flow Diagram)를 이용한다. 〈그림 12〉와 같이 차이흐름도를 작성한다. 발생된 문제 Y의 차이를 시작으로, 범위를 넓혀가며 단계적으로 차이가 있는 부분을 찾는다. 차이흐름 항목을 최소 6개 이상으로 한다. 차이흐름도의 시작은 발생된 문제 Y의 차이다. Target Y가 외관 문제로 정의가 된 경우는 외관과 외관의 차이를 비교한다. 차이흐름도의 첫 번째는 간단한 계측시스템 검증과 같다. 불량품의 외관을 관찰하면서 차이가 있는지 확인한다. 그리고 조금씩 범위를 넓혀가며 차이를 확인한다.

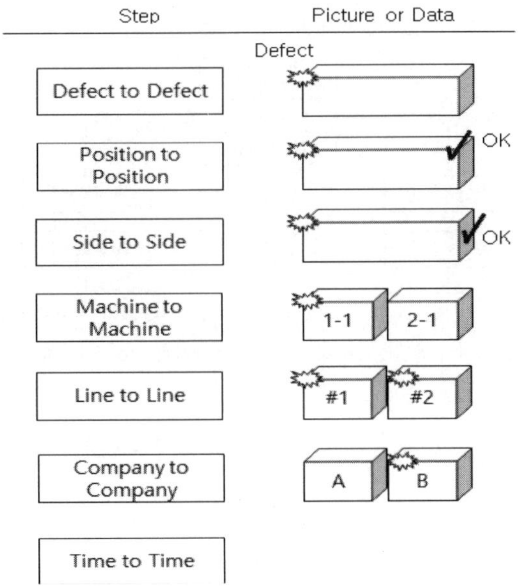

❙그림 12❙ Difference Flow Diagram concept

〈그림 13〉에서와 같이 생산현장이 구성되어 있다고 했을 때, 체계적인 차이의 비교를 위해서 고려해야 하는 사항은 첫째 비교의 기준, 둘째 비교의 항목, 셋째 비교의 순서다. 비교 기준은 Target Y이고 불량 현상, 불량 개수, 불량률, 측정되는 특성값 등이다. 비교할 수 있는 항목은 양품과 양품, 불량품과 불량품, 양품과 불량품, 라인과 라인, 기계와 기계, 공정 조건과 공정 조건, 작업자와 작업자, 부품과 부품, 협력사와 협력사, 시간과 시간이다. 비교 순서는 문제가 발견된 현상에서부터 좁은 범위에서 넓은 범위로 넓혀가며 하나씩 확인해 간다. 차이가 나타나는 곳에서 최상(Best)과 최하(Worst)를 선택한다.

복수의 위치에서 차이가 나타나 최상(Best)과 최하(Worst)가 선택될 시에는 좁은 범위의 항목을 선택한다. 보다 구체적인 Big X를 찾기가 쉬워진다. 최상(Best)과 최하(Worst)의 선택이 어려울 시에는 양품(Good)과 불량품(Bad)를 대신해서 선택하여 진행할 수 있다.

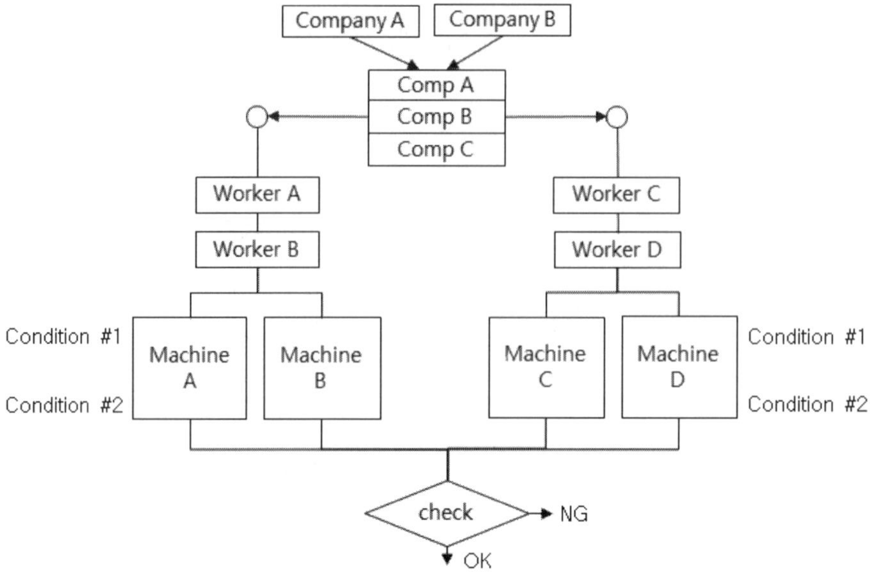

┃그림 13┃ 현장 공정 흐름

비교대상을 선정하기 위해 차이흐름도(Difference Flow Diagram)와 차이비교도(Difference Comparison Diagram)를 이용한다.

샤이니 시그마에서는 최상의 제품 혹은 부품이나 부위를 'Best'라고 부르고 최악의 제품 혹은 부품이나 부위를 'Worst'라고 부른다. 차이흐름도는 최상의 제품 혹은 부품이나 부위 Best와 최악의 제품 혹의 부품이나 부위 Worst를 찾기 위한 전략적 방법이다.

〈그림 13〉은 생산 현장의 작업 흐름을 나타낸다. 협력사A와 협력사B의 부품을 사용하는 차이가 있을 수 있고, A부품을 쓰는 경우 B부품을 쓰는 경우 C부품을 쓰는 경우가 있을 수 있다. 어떤 불량이 협력사A 제품을 쓴 경우에만 나온다면 협력사 제품에 따른 차이가 있다고 판단할 수 있다. 두 개의 각기 다른 라인(Line)에서 공정이 흐른다면 라인(Line)과 라인(Line)의 차이가 있는지 살펴 볼 수 있고, 각 라인(Line)의 구성요소인 작업자(Worker)에 대한 차이는 없는지 기계장치(Machine)에 따른 차이는 없는지 기계장치의 조건(Condition)에 따른 차이는 없는지 각각 확인하

여 차이가 큰 항목을 최상 'Best'와 최하 'Worst'로 선정할 수 있다.

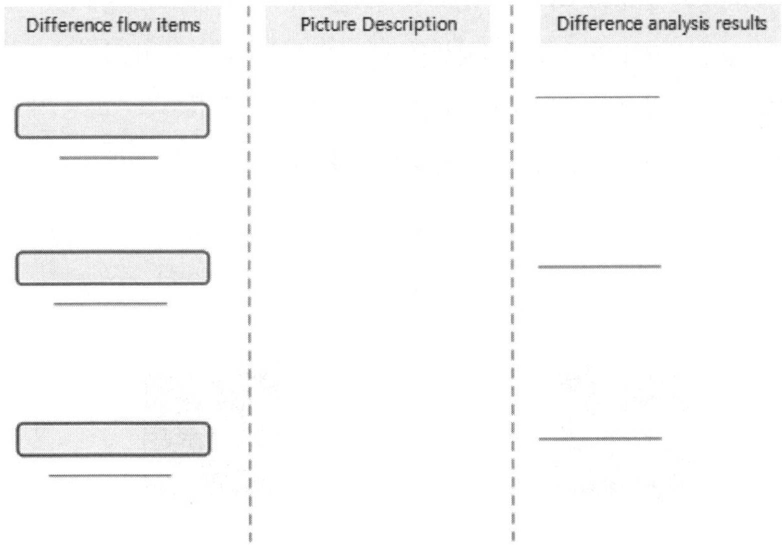

▌그림 14▐ Difference Flow Diagram form

차이흐름도는 〈그림 14〉와 같이 구성이 되는데 차이 흐름 항목에는 이미 관찰된 Y의 차이가 있는지 없는지를 확인할 항목을 기입한다. 사진이나 그림 파일로 설명을 용이하게 삽입하고, 차이 분석 결과에 차이가 있는지 없는지를 간단히 기술한다. 범위가 가장 좁은 단계에서부터 점점 확대해서 차이를 탐색한다. 최소한 6단계 이상의 항목을 차이 흐름 항목으로 검토를 하고 시작은 외관 문제일 경우는 외관과 외관을 비교하고, 동작 문제일 경우는 동작과 동작을 비교하고, 치수 문제일 경우는 치수와 치수를 각각 비교한다. 같은 문제를 반복적으로 관찰 했을 때도 동일하게 보는지에 대한 검토가 처음 실행된다. 신속하게 확인할 수 있는 측정시스템에 대한 검토다.

차이흐름도 상에 차이를 확인하기 위한 그래프로 문제집중도(Problem Concentration Diagram)을 사용한다. 문제집중도는 〈그림 15〉와 같이 제품을 사진으로 표현하고 문제가 발생한 빈도를 숫자나 점으로 표현하는 그래프이다. 문제가 어느 부위에 집중되어 나타났는지를 확인할 수 있고, 문제의 근본 원인에 대한 실마리도 찾는데 도움이 된다.

30대의 차량의 Torque의 풀림 건수를 〈그림 15〉와 같이 조사가 되었다고 했을 때, 공기주입구를 6시 방향으로 일치했을 때.. 의심되는 X들 중에 작업자나 Toruqe 체결장비, 너트, 휠 등은 근본원인인 Big X로 의심하지 않는다. 리어 액슬(Rear axle)이나 프론트 스트러트(Front strut)를 의심할 수 있다.

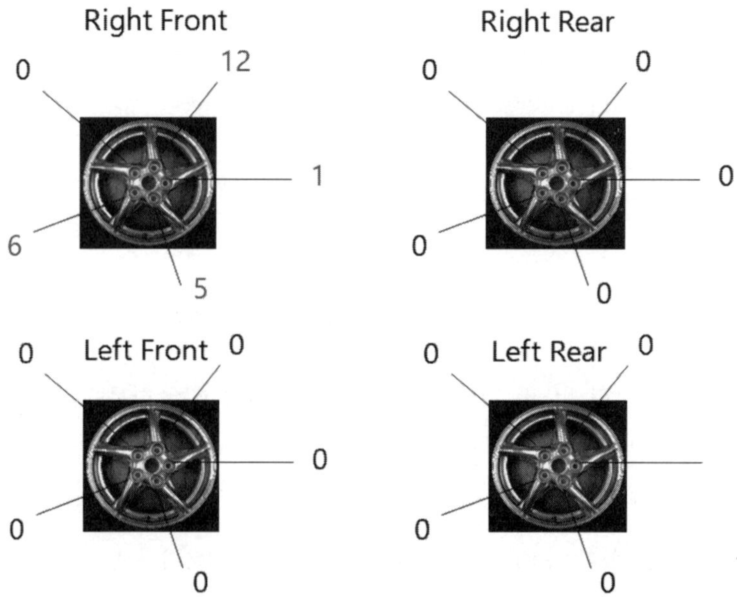

❙그림 15❙ Example of Problem Concentration Diagram 1

30대의 차량의 Torque의 풀림 건 수를 〈그림 16〉과 같이 조사가 되었다고 했을 때, 공기주입구를 6시 방향으로 일치했을 때 의심되는 X들 중에 작업자나 Toruqe체결장비, 너트, 리어 액슬(Rear axle)이나 프론트 스트러트(Front strut) 등은 근본원인인 Big X로 의심하지 않는다. 한 쪽 방향의 Torque만 풀림 현상이 조사되었다면, 휠 자체의 불량을 Big X로 의심할 수 있다. 문제집중도는 문제해결의 실마리를 찾아 주는 유용한 그래프이다.

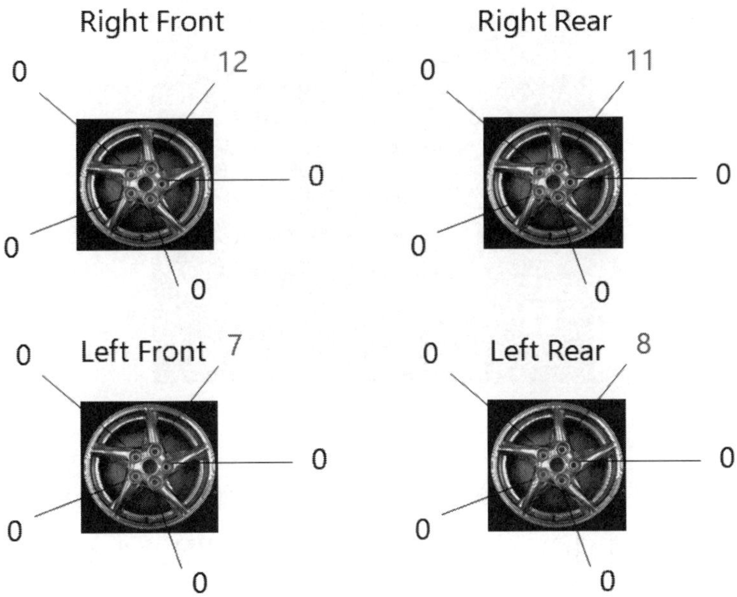

▌그림 16▐ Example of Problem Concentration Diagram 2

문제집중도는 문제가 어디에 집중되어 있는지 보여주는 그래프이다. 문제의 수량을 숫자로 표시하는 방법과 문제가 발생한 정확한 위치와 빈도를 한 눈에 볼 수 있는 〈그림 17〉과 같은 형태 2종류가 있다.

현장의 전문가들은 이와 같은 그래프를 이용해서 문제의 근본원인 Big X를 빠르게 탐색할 수 있다.

Best와 Worst의 차이를 볼 때, 무엇이 틀린 것인가라는 질문에 대답하기 보다는 무엇이 문제가 되느냐에 집중해서 봐야한다. 서로 차이를 이용하여 비교하는 것이지 문제 자체의 본질을 떠나서 살펴본다면 Big X를 찾기가 어려워진다. 〈그림 17〉은 문제집중도의 두 번째 형태로 각 부위를 숫자로 구분하고 불량이나 결점이 나타난 부위를 점으로 표기한 형태다. 불량이나 결점이 난 부위를 정확히 타점으로 표현할 수 있다는 장점과 불량이나 결점이 나타나지 않은 부위와 불량이나 결점이 나타난 부위의 차이를 한 눈에 볼 수 있다는 장점이 있는 그래프다.

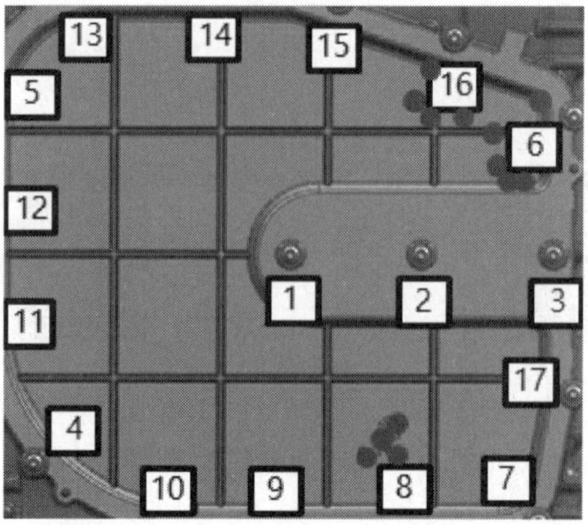

┃그림 17┃ Example of Problem Concentration Diagram 3

〈그림 18〉 같이 문제집중도에 문제들이 나타났을 때 Wosrt를 7,8,17 포인트로 잡을 수 있고, 문제가 나타나지 않은 포인트를 Best로 선정할 수가 있다. Worst 포인트 7,8,17과 다른 포인트 간의 설계적인 차이, 공정의 차이, 재료의 차이, 작업자의 차이, 부품의 차이, 모양의 차이, 간격의 차이든 Best와 Worst에는 분명히 차이가 존재한다. 그 차이가 가장 큰 항목이 바로 Big X의 강한 후보다.

문제집중도를 통해 Big X 후보를 탐색할 수도 있고, 이 단계에서는 Best와 Worst를 찾는 데 목적이 있다.

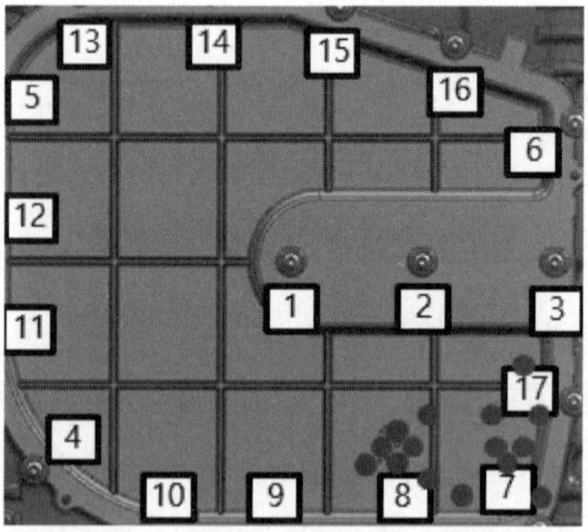

┃그림 18┃ Example of Problem Concentration Diagram 4

〈그림 19〉 같이 Worst와 Best를 찾기가 어려운 경우에는 Bad와 Good 상태의 샘플(Sample)로 진행해도 된다. Best와 Worst를 찾기 위한 시간과 노력을 절약해야 한다. 샤이니 시그마는 Bad와 Good 샘플로도 Big X를 찾아갈 수 있다. 〈그림 20〉의 정규분포 양 끝단에 동그라미로 표시한 구역의 샘플들을 Worst와 Best로 본다면 음영으로 표시한 정규분포의 샘플들을 Bad와 Good으로 구분한다. Bad에 Worst가 포함되고 Good에 Best가 포함되는 것임을 설명한다.

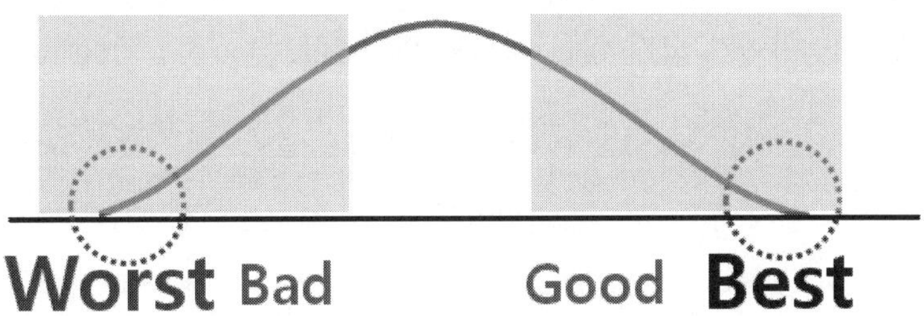

▌그림 19▐ Bad and Good

도리안 샤이닌이 제안한 방법에서는 BOB(Best of Best)과 WOW(Worst of Worst)를 가지고 분석해야 한다고 주장하지만 샘플을 찾는 것도 쉽지 않고, 샘플을 찾기 위한 측정에 따른 시간과 비용이 소요된다. 빠르게 문제를 해결해야 하는 현장에는 적합하지 않은 주장이다.

샤이니 시그마에서는 반드시 Best나 Good 샘플이 필요하지는 않다. 개발단계에서는 모든 샘플이 Bad상태일 확률이 높은데, Good샘플이 없더라도 Good 샘플의 수준을 알고 있기 때문에 Bad 샘플이나 Worst샘플로 샤이니 시그마 과제를 진행할 수 있다. 개발단계에서도 샤이니 시그마는 적용할 수 있고, 연구 개발 현장에도 적용하여 Big X를 찾을 수 있다.

현장(Shop floor)은 생산 현장만을 의미하지는 않는다. 모든 영역에서 광범위하게 전문가라면 적용할 수 있는 범용가치가 높은 방법론이다.

차이비교도는 Y가 연속형이면서, 확인하고 싶은 항목이 연속형으로 측정이 가능할 때 사용한다. 〈그림 20〉은 가장 범위가 좁은 Point에서부터 생산 시기를 뜻하는 Time까지 4단계로 구성된 차이비교도이다. X1이라는 모델과 X2라는 모델의 측정 값 Y. Torque값을 비교하는데, 10개 이하의 소수의 데이터이고 극단값에 영향을 덜 받는 기술통계량 중앙값(median)을 사용하여 비교한다. 중앙 값들 간의 차이를 비교하여 가장 큰 항목을 Best와 Worst로 선정할 때 사용한다.

〈그림 21〉은 차이비교도를 이용하여 모델과 모델을 같은 시간 대 생산된 제품을 비교한 것이다. 차이가 크지 않은 것으로 확인된다.

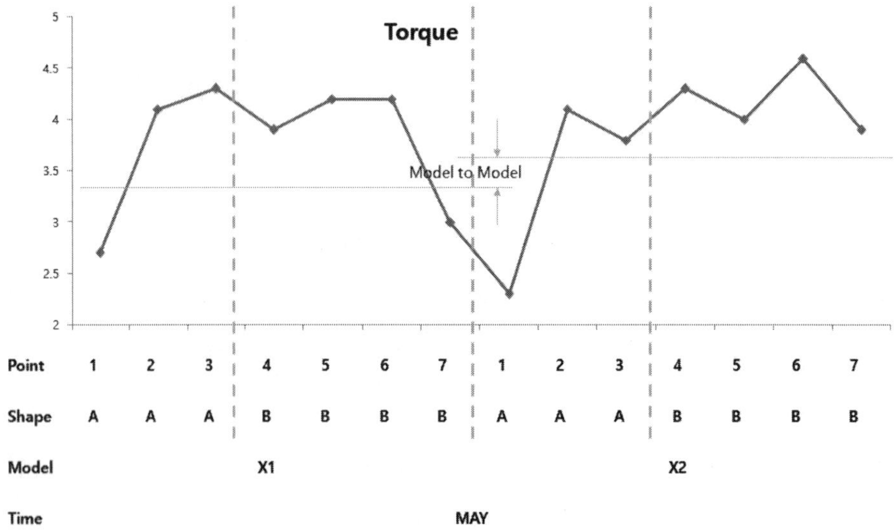

▌그림 20▐ Difference Comparison Diagram Model vs Model

〈그림 20〉은 5월(MAY)에 생산된 2개 모델 X1과 X2를 모양A와 모양B별로 Point를 각각 3개와 4개씩을 측정한 연속형 데이터 Torque를 측정한 차이비교도이다. 측정값과 측정값 사이에 선으로 연결한 것은 기울기(slope)로 차이를 보다 극명하게 표현하기 위한 것이다.

모델 X1과 X2의 측정값 7개의 평균값(mean)이나 중앙값(median), 최빈값(mode)를 사용하여 그 지점을 2개의 수평선을 그어 모델 간의 차이를 확인한다. 차이(Δ)의 크기로 Best와 Worst를 선택하는 방식이다. 수평선은 적은 수의 데이터를 활용함으로 극단치에 영향을 덜 받는 중앙값(median)사용을 추천한다.

〈그림 21〉는 〈그림 20〉과 같은 측정 항목에서 동일 모델 안에서 모양 별로 측정값의 차이를 본 것이다. 모델 X1 에서 모양 A와 모양 B의 차이를 확인했고, 모델 X2에서 모양 A와 모양 B의 차이를 확인할 수 있다. 정량적인 측정 값을 확인할 수 있지만, 모양 A와 B의 중앙값의 거리(Distance)의 차이가 가장 큰 값이 Best와 Worst로 선택하기에 적합하다.

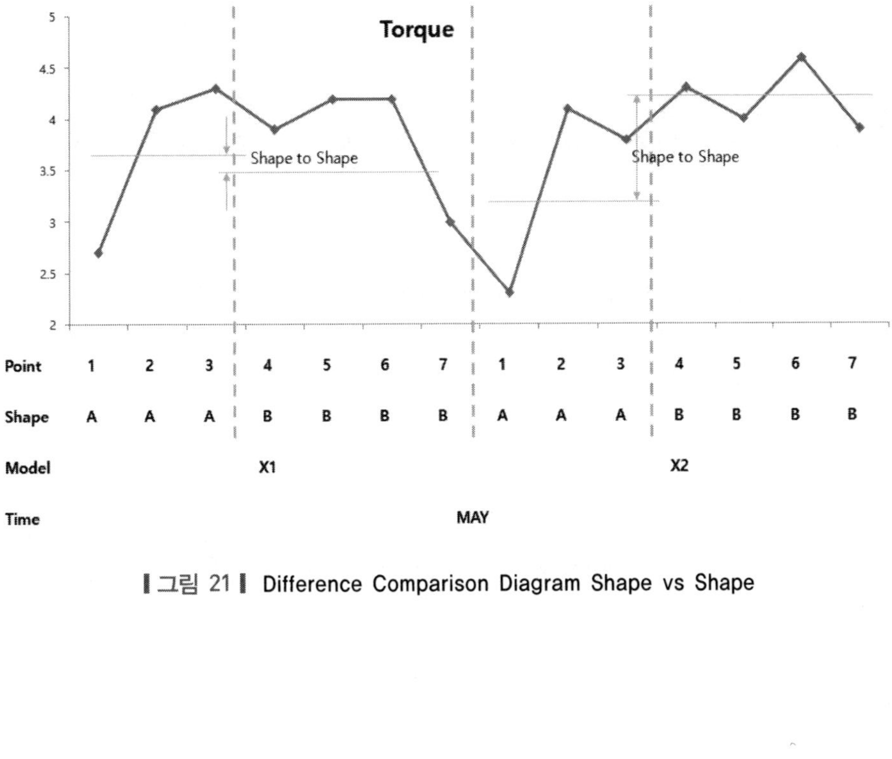

❚ 그림 21 ❚ Difference Comparison Diagram Shape vs Shape

〈그림 22〉는 모양 별로 Point간의 차이를 확인한 것이다. 같은 모양에서 1번 Point와 2번 혹은 3번 Point와의 거리가 가장 먼 것으로 나타난다. Y값이 클수록 좋은 망대특성인 경우 Point 1을 Worst로 선택하고, Point 2번 혹은 3번을 Best로 선택하면 된다.

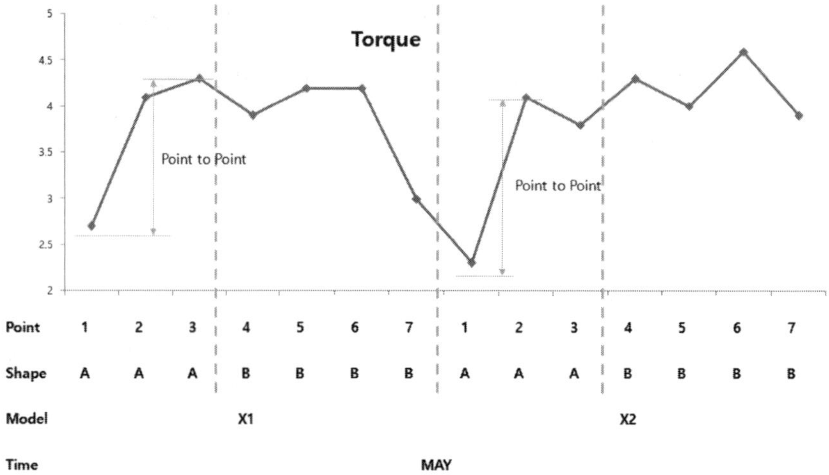

▌그림 22▐ Difference Comparison Diagram Point vs Point

제3장 'O' Big X 탐색(Observe Big X)

샤이니 시그마의 3단계는 Big X를 탐색한다. Big X를 탐색하는 개념은 〈그림 23〉와 같이 52장의 카드 중에 카드 한 장을 찾는 과정이라고 보면 된다. 만약 내가 찾아야 할 카드를 클로버7 이라고 하였을 때, 클로버7 카드를 찾기 위해 어떤 질문을 하면 가장 많은 카드를 후보에서 제외할 수 있다. 검은색과 빨간색을 질문하면 50%에 해당되는 카드를 후보에서 제외할 수 있다. 이 개념은 1단계에서 문제를 선택하는 프로젝트트리(Project Tree)에 적용된다. 프로젝트트리도 이런 개념으로 작성이 된다.

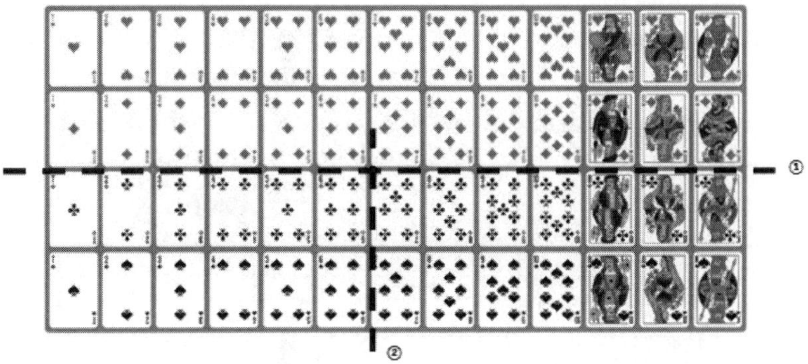

▌그림 23▐ Big X 탐색

첫 번째 질문은 색상, 그 다음 질문은 숫자냐 영어냐가 될 수도 있고, 7이상이냐가 될 수도 있고, 모양을 질문할 수도 있게 된다. 샤이니 시그마에서는 50%의 후보를 제외시키는 것이 가장 바람직하다고 보기 때문에 모양에 대한 질문 후에 정확히 50%를 제외시키는 것이다. 두 번의 시도 끝에 1/52의 확률로 Big X를 찾을 수 있었다면, 지금은 Big X를 찾을 수 있는 확률이 1/12이 된 것이다.

올바른 질문을 올바른 때에 해야 하기 때문에 Big X를 찾는 과정은 하나의 전략(Strategy)이다. 과제를 수행하는 개인의 전문성과 샤이니 시그마의 개념을 숙지하고 있는 정도에 따라 과제 전개는 다르게 된다.

이 개념을 현장의 공정의 문제로 보면 공정탐색을 사용하여 Big X 공정을 찾고,

제품의 문제로 보이면 부품탐색을 사용하여 Big X 부품을 찾는다. 공정을 탐색할 때 불량이 발생한 현상을 가지고만 판단한다. 불량이 가장 많이 발생한 공정을 Big X로 의심을 한다.

〈그림 24〉는 공정탐색(Operation Search)의 개념을 설명하기 위한 그림이다. 총 8개의 공정으로 이루어졌고, Target Y는 스크래치(Scratch)이다. 이 공정에서는 스크래치 불량이 25%가 나고 있다. 샤이니 시그마에서는 빠르게 Big X 공정을 탐색할 수 있다.

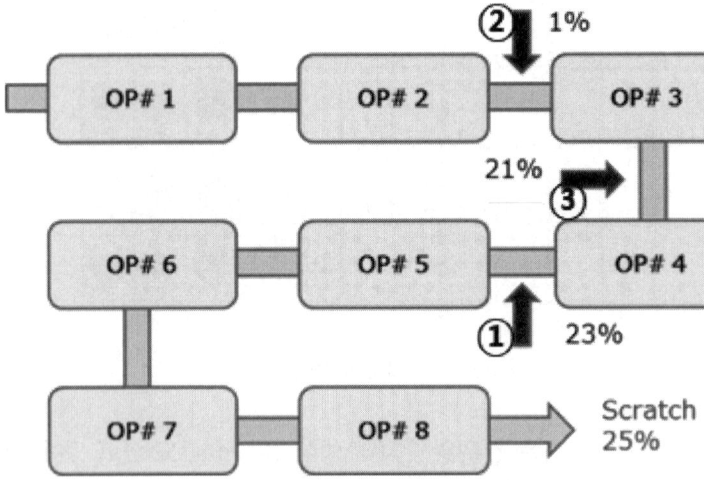

▎그림 24▎ **공정탐색 개념**

〈그림 24〉와 같이 구성된 공정에서 스크래치 불량률이 25%가 발생되었다면, 전체 공정의 50%에 해당되는 중간 공정인 공정4에서 불량률을 확인하고, 공정5,6,7,8은 Big X 후보공정에서 제외한다.

그 다음 남은 공정의 50%에 해당되는 중간 공정인 공정2에서 불량률을 확인하고, 공정1,2를 Big X 후보공정에서 제외한다.

그 다음 남은 공정에서 50%에 해당되는 중간 공정인 공정3에서 불량률을 확인한 후 최종적으로 Big X 후보공정을 찾는다.

〈그림 25〉와 같이 공정흐름에 맞게 공정을 탐색 할 때는 불량이 발생한 빈도를 누적합으로 보면, E공정에서 불량이 3일 연속 발생하고 있는 것을 발견할 수 있다.

샤이니 시그마에서는 관찰된 현상에 따라 E공정을 Big X 후보 공정으로 선택한다. 〈그림 25〉에서 선정된 E공정에서 Big X 후보를 탐색할 수 있다. E공정의 구성 항목들 중 의심 가는 항목을 찾아보면서 Big X를 찾아갈 수 있다.

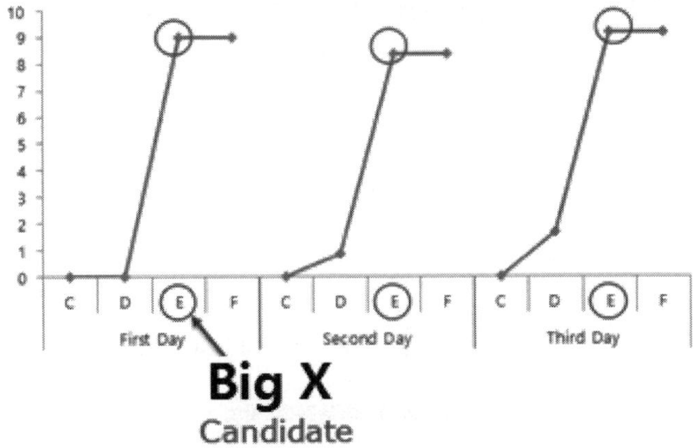

┃그림 25┃ 공정탐색

공정탐색(Operation Searching)은 공정에서 나온 불량이나 결점(Defect) 수를 카운트하여 기록한 기록지를 바탕으로 작성된다. 샤이니 시그마의 기본개념과 같이 불량에 영향을 주는 치명적인 원인이 공정에 있다면, Big X공정은 언제나 하나이고, Big X공정은 가장 불량이나 결점(Defect)이 많이 발생된 공정이 된다.

이 단계에서는 Big X를 탐색하는 과정이다. 여기에서 발견된 공정은 Big X라고 하지 않고, Big X후보라고 한다. 다음 단계에서 Big X가 맞았는지 확인이 필요하다. Big X후보 공정을 발견하였다면, 차이비교를 통해 차이가 큰 요소가 무엇이었는지 현장 작업자와 감독자에 대한 탐문이 필요하다.

공정에서의 우연원인(Common Cause)[6]보다는 이상원인(Special Cause)[7]에 기

---

6) 엄격히 관리된 상태에서도 발생되는 어느 정도의 불가피한 변동을 주는 원인으로 우연히 생

인한 문제에 샤이니 시그마는 강점이 있다. 문제가 발생하지 않은 공정이나 조건과 문제가 발생한 공정이나 조건을 비교하면서 Big X 후보를 찾는다.

부품탐색은 찾아 낸 Best 샘플과 Worst샘플로 Big X를 탐색한다. Big X 후보 공정이 발견되지 않으면 부품탐색을 실시하여, Big X를 탐색한다.

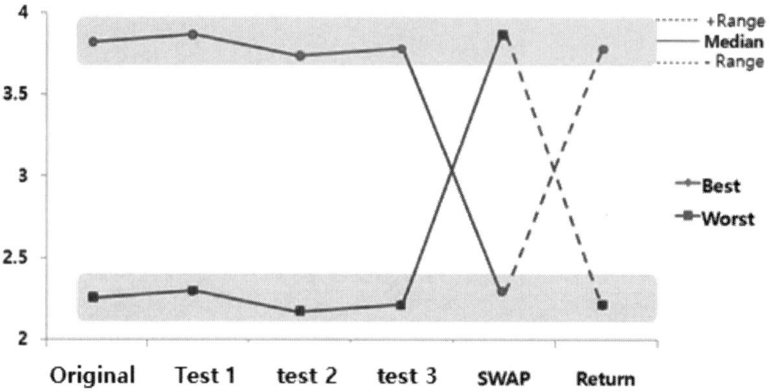

| 그림 26 | 부품탐색 방법

〈그림 26〉는 부품탐색도이다. 부품에서 Big X를 탐색하는 부품탐색 방법이다. Best와 Worst를 반복 Test하면서 Big X로 의심이 가는 구성품(부품)을 서로 바꿔본다. Best와 Worst가 서로 바뀌면 구성품은 Big X 후보가 된다. 서로 바꾸어서 측정했을 때 어느 범위까지를 Big X 후보로 볼 것이냐의 범위 결정 기준은 아래와 같이 정한다.

"4회의 중앙값(Median) ± 범위(Range)"

소수의 Data이므로 평균(Mean) 값 보다 극단치에 영향을 덜 받는 중앙값(Median)을 사용하고 4개 Data의 범위(Range)값으로 결정 구간(Decision Interval)[8]을 설

긴다는 의미에서 다소 긍정적인 표현으로 White Noise라고도 부름.

7) 품질변동을 일으키는 원인들 중에서 우선 제거해야 할 원인으로 다소 부정적인 표현으로 Black Noise라고도 부름

8) Best와 Worst상태의 제품에서 Big X 후보 부품을 서로 교체하여 다시 측정했을 때 Target Y가 속해야 할 구간을 의미한다. 이 구간 내에 들어와야 Big X 후보로 선정한다.

정한다.

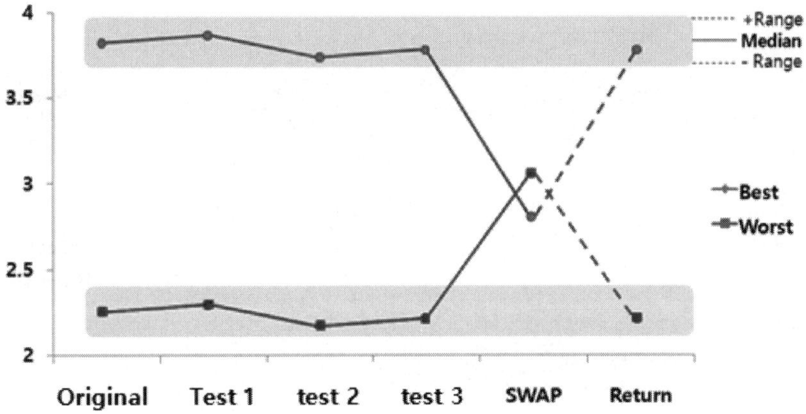

❙그림 27❙ **부품탐색 오류 사례 1**

〈그림 27〉과 같이 SWAP단계에서 결정구간 안에 데이터가 완전히 바뀌지 않으면 Big X 후보에서 제외한다. 〈그림 27〉에서와 같은 경우는 교호작용(Interaction)이 나타난다고 추정할 수 있는데, 샤이니 시그마는 교호작용을 확인할 수 없다. 이런 경우는 샤이니 시그마로 원인을 추적할 수 없다.

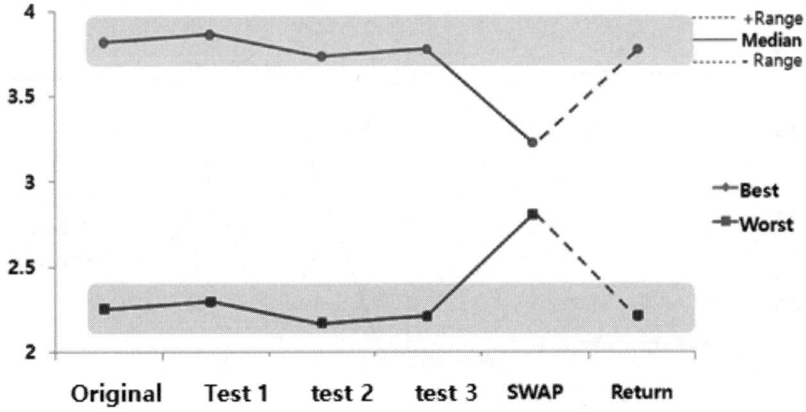

❙그림 28❙ **부품탐색 오류 사례 2**

〈그림 28〉에서와 같은 경우도 SWAP단계에서 결정구간 안에 데이터가 완전히 들어가지 않았으므로 Big X후보에서 제외한다.

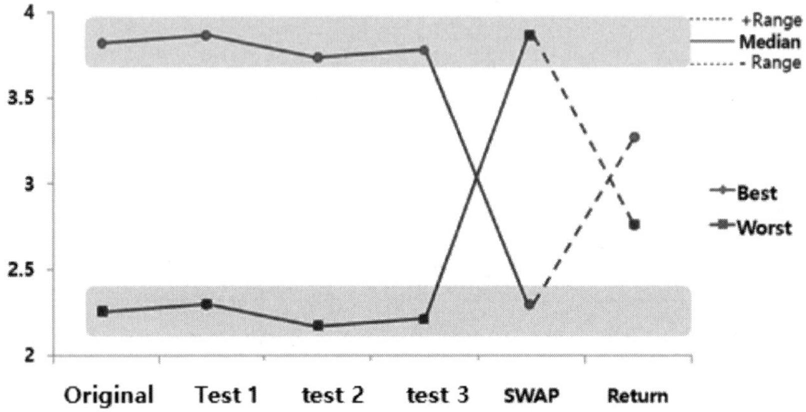

┃그림 29┃ 부품탐색 오류 사례 3

〈그림 29〉의 경우처럼 SWAP단계에서는 완벽하게 결정구간 안에 들어갔지만 Return단계에서 다시 현 상태로 돌아오지 않으면 Big X 후보에서 제외한다. 이 경우에도 교호작용(Interaction)을 의심할 수 있지만, 어떤 원인에 의해 생기는 교호작용인지 확인할 수가 없다.

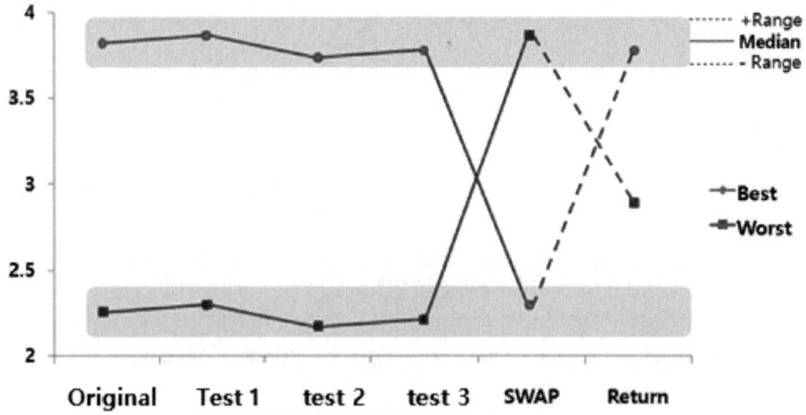

┃그림 30┃ 부품탐색 오류 사례 4

〈그림 30〉의 경우에도 SWAP단계에서는 완벽하게 결정구간 안에 들어갔지만 Return단계에서 Worst가 결정구간(Decision Interval)으로 돌아가지 않았으므로 교호작용을 의심하여 SWAP단계에서 변경한 부품으로 인한 현상만으로는 확인할 수 없다. Big X 후보에서 제외시킨다.

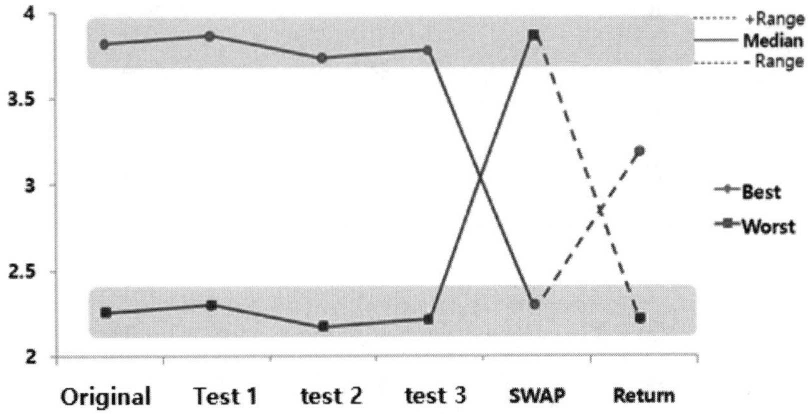

| 그림 31 | 부품탐색 오류 사례 5

〈그림 31〉의 경우는 SWAP단계에서는 결정구간 안으로 완벽하게 들어갔지만 Return단계에서 Best가 결정구간 안으로 돌아가지 못하였으므로 교호작용(Interaction)을 의심하여 탐색한 부품을 Big X 후보에서 제외시킨다.

소수의 시험으로 Big X를 탐색하기 때문에 위의 조건을 만족하지 않은 경우는 Big X 후보에서 제외시킨다. 부품탐색에서 Big X 후보를 찾지 못한 경우에는 의심 가는 항목을 다시 확인해 봐야 한다. 찾아 볼 수 있는 모든 항목에 대해 부품탐색을 시행했을 경우에도 Big X 후보를 찾지 못한 경우에는 샤이니 시그마로 Big X를 찾지 못할 경우도 있다.

부품탐색에서 가장 중요한 것은 다시 처음으로 돌아가서 측정을 하는 것이다. 이 과정에서 결정구간에 측정값이 나오지 않는다면, Big X 후보로 확정하는 것을 유보해야 한다.

샤이니 시그마의 4단계는 Big X 후보를 Big X로 확인하는 단계다.

Process Parameter	Worst time #1	Worst time #2
A	-	-
B	+	+
C	+	+
D	-	-
~~E~~	~~+~~	~~-~~
F	+	+
~~G~~	~~-~~	~~+~~
H	+	+
~~I~~	~~-~~	~~+~~
~~J~~	~~+~~	~~-~~

❙그림 32❙ Big X **확정** – Worst Review

〈그림 32〉는 제품의 어떤 Target Y값을 측정한 값이다. A~J까지 10개의 변수들을 측정하였고, 변수의 측정치가 +는 중앙값보다 크다는 것을 의미하고, 측정치-는 중앙값보다 작다는 것을 의미한다. 〈그림 32〉와 같이 Worst에서 변수 별로 2번 반복 측정 했을 때, 중앙값보다 작았다가 커진 경우와 중앙값보다 컸다가 작은 경우는 일관성이 없으므로 Big X에서 제외한다.

	Variables		Variables	
Process Parameter	Worst time #1	Worst time #2	Best time #1	Best time #2
A	-	-	-	+
B	+	+	-	+
C	+	+	+	-
D	-	-	+	+
E	+	-	-	+
F	+	+	+	-
G	-	+	+	+
H	+	+	+	-
I	-	+	+	+
J	+	-	+	+

▍그림 33▍ Big X **확정** – Worst and Best Review

〈그림 33〉는 Best도 2번 반복 측정하여 Worst와 Best가 확실히 구분이 되는 D변수가 Big X로 확인된다는 개념을 설명한다. 대응비교는 5번 반복으로 Big X를 확인한다.

양품과 불량품이 각각 짝을 이루어 비교할 수 있으면 대응비교를 사용한다. Big X로 확인하는 검증은 5회 재현 Test로 한다.

강희가설(Kang-Hee Hyperthesis)

〈표 20〉에서 나타난 바와 같이 이항분포의 상황에서 5번 연속 같은 현상이 나타날 확률은 3.125%이다. BSI(Big X Selection Index)값 5이상[9]이면 Big X로 판단한다.

쉽게 말해 어떤 동전을 던졌을 때 5번 연속 같은 면이 나온 경우 그 동전을 그 면이 나오게끔 설계된(조작된) 동전이라는 가설을 강희가설이라고 부른다. 샤이니 시그마에서는 강희가설을 이용하여 문제되는 어떤 상황을 개선했다고 보고 5번 연속

9) 동전을 던져서 앞면이 5회 이상 연속해서 나올 확률 3.125%와 같은 의미로써, 신뢰수준 약 97%의 높은 수준을 의미하는 것이다. Big X를 Fixing하여 재현 시험 시에 불량 현상이 양의 현상으로 5회 연속 재현이 되면 Big X로 확정한다는 것의 근거가 되는 이론이다.

재현이 되었다면, 개선이 되었다고 간주한다.

대수의 법칙에 의하여 동전을 100번 던졌을 경우 우연히 5번 연속 같은 면이 나올 확률도 있다. 하지만 강희가설은 100번 중 어느 한 구간에서의 5번 연속 재현을 말하는 것이 아니라 최초 5번만을 의미한다.

최초 5번의 재현을 통해 불량 현상이 양품으로 바뀌었다면, 바꾼 X가 Big X라고 간주하고, 개선이 되었다고 볼 수 있다.

하나의 부품을 5번 재현하는 경우와 5개의 부품을 1번씩 측정하는 경우 모두 사용 가능하다.

$$\text{Big X Selection Index}: \frac{1}{2}\times\frac{1}{2}\times\frac{1}{2}\times\frac{1}{2}\times\frac{1}{2}=0.03125$$

▌표 20▐ BSI (Big X Selection Index)

시도	확률	확률 (%)	BSI (Big X Selection Index)
0.5	0.5	50	1
0.5	0.25	25	2
0.5	0.125	12.5	3
0.5	0.0625	6.25	4
0.5	0.03125	3.125	5
0.5	0.015625	1.563	6

〈그림 34〉는 대응비교를 설명하고 있다. 짝 지어진 Best와 Worst 제품을 가지고 3단계에서 의심이 갔던 항목들에 대해 측정하여, 비교하는 것이다. BSI가 5이상이 나오는 항목을 Big X로 확정한다. Big X 후보가 BSI 4미만인 경우는 Big X 탐색단계로 돌아가서 Big X 후보를 다시 찾는다.

	Pair 1		Pair 2		Pair 3		Pair 4		Pair 5	
	Best	Worst	Best	Worst	Best	Worst	Best	Worst	Best	Worst
Target Y	OK	NG	OK	NG	OK	NG	OK	NG	OK	NG
Fixture gap	-0.68 ↗	0.95	0.1 ↗	1.17	-0.12 ↗	2.19	-0.25 ↗	1.79	0.02 ↗	0.64
Thickness	1.52 ↗	1.53	1.51 ↘	1.50	1.51 —	1.51	1.52 —	1.52	1.53 ↘	1.51

▍그림 34▍ Paired Comparison Concept

양품과 불량품을 구분하여 Big X를 확인할 경우는 그룹비교를 이용한다. 그룹비교에서는 끝수(End Count)개념으로 Big X로 판단한다.

샤이닌이 주장한 방법론에서는 양품그룹과 불량품그룹이 혼재되어 있어도 어느 정도 구분이 되면 Big X로 판단을 하지만, 샤이니 시그마에서는 〈그림 35〉와 같이 완전히 구분이 된 상황만 Big X로 판단한다. 샤이니 시그마에서는 완전히 구분된 데이터를 양 끝에서 센다는 의미로 '끝수'(End Count)라고 부른다.

〈그림 35〉에서 끝수(End Count)개념을 정규분포형태로 설명한 것은 Best와 Worst가 층별(Stratification)되어 나타난 정규분포(Normal Distribution)를 띈다는 가정을 한 것이다. Best의 분포도 평균을 중심으로 좌우대칭 종형(Bell Shape)의 형태를 띈 정규분포(Normal Distribution)를 따른다고 본 것이고, Worst의 분포도 평균을 중심으로 좌우대칭 종형(Bell Shape)의 형태를 띈 정규분포(Normal Distribution)를 따른다고 본 것이다.

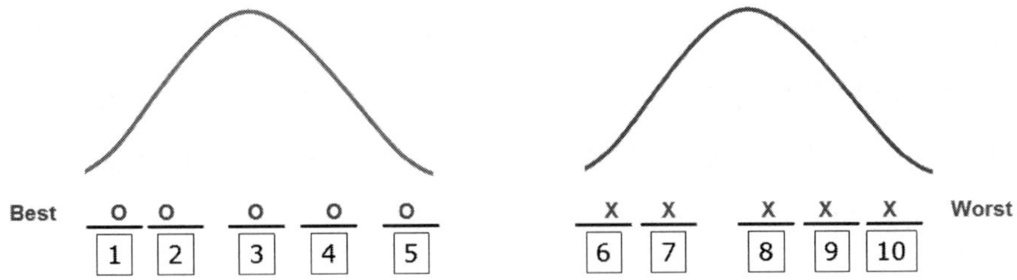

▍그림 35▍ 끝 수 개념

〈그림 36〉은 Best와 Worst가 완벽히 구분되지 않았다. 끝수가 6인 상태다. Big X로 확인할 수 없는 상황이다.

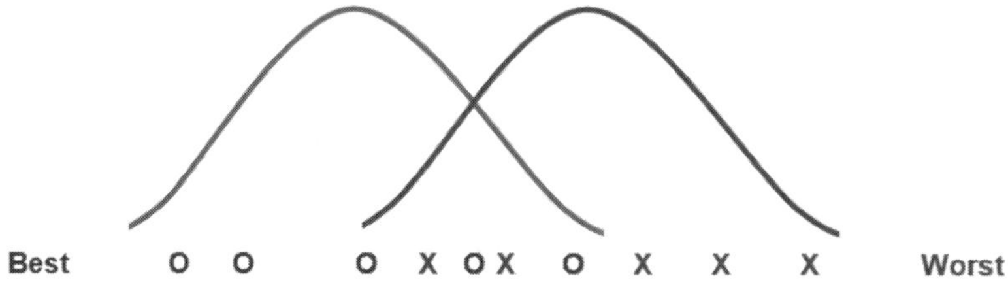

▌그림 36▐ 끝 수 6

〈그림 37〉은 Best와 Worst가 완벽히 구분되지 않았다. 끝수(End Count)가 8인 상태다. Big X로 확인할 수 없는 상황이다. 확인시험 회수가 작기 때문에 완벽하게 구분되지 않을 경우는 Big X를 다시 찾는다.

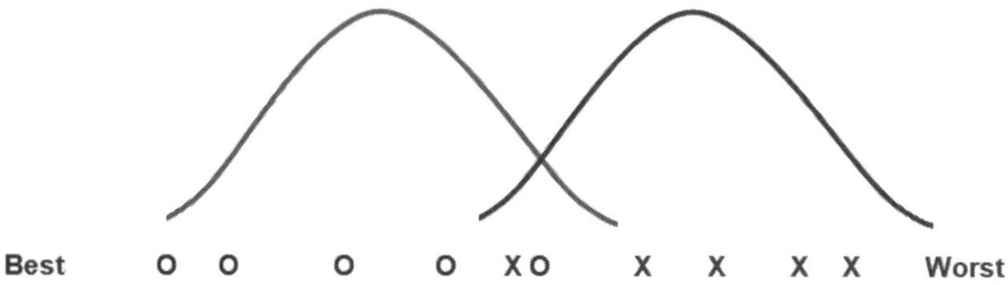

▌그림 37▐ 끝 수 8

〈그림 38〉은 그룹비교로 Best와 Worst를 각각 5대씩 측정하여 Big X로 의심 가는 항목 3가지를 확인하여 끝수가 10인 경우를 Big X로 확정 한다. 각 항목을 양품 시료 5개와 불량 시료 5개를 각각 측정하고, 오름차순으로 배열 후 시료 번호로 끝수를 확인한다. 〈그림 38〉에서는 항목 2가 끝수 10으로 Big X로 확정되고, 나머지 항목 1, 3번은 Big X에서 제외한다.

Target Y	B/W
6.0	B1
6.1	B2
6.1	B3
6.3	B4
6.4	B5
12.1	W1
12.3	W2
12.4	W3
12.4	W4
12.6	W5

@1	B/W	@2	B/W	@3	B/W
125	B4	0.4	W1	1009	B2
135	B1	0.4	W4	1044	W4
139	B3	1.6	W2	1132	W1
141	W3	1.7	W3	1150	B1
152	W1	1.7	W5	1185	B3
155	W2	2.8	B2	1203	W5
159	B2	2.9	B4	1300	W2
171	B5	2.9	B5	1308	W4
177	W4	3.0	B3	1390	B4
179	W5	3.1	B1	1399	B5
End Count = 5		End Count = 10		End Count = 0	

❙그림 38❙ **그룹비교 개념**

샤이니 시그마의 5단계는 적용 단계다. 4단계에서 Big X로 확정된 사항을 적용하여 다시 한 번 검증하는 단계다.

B는 Before, 즉 이전 상태를 말한다. A는 After, 현 상태다. 이전 제품과 현재 제품을 그룹 비교한다. 4단계에서 검증을 했기 때문에 이전 제품 3개, 현재 제품 3개로 실시하고, 끝수가 6이 나오면 검증이 된 것으로 판단한다. 그룹비교(Group Comparison)와 같은 개념인데, 시료 수가 5개가 아니라 3개라는 점이 다르다.

〈그림 39〉는 B/A Test에서의 End Count 개념을 도식화하여 표현한 것이다.

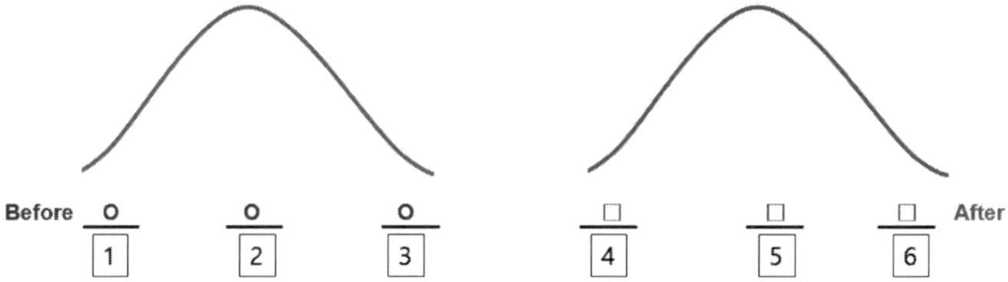

▌그림 39▐ B/A Test 끝 수 6

〈그림 40〉과 같이 Before상태와 After상태가 완벽하게 구분이 되지 않은 모든 경우는 적용하기 전에 다시 한 번 시험을 해볼 필요가 있음을 나타낸다. Before의 우측과 After의 좌측이 확실하게 층별(Stratification)이 되지 않아 서로 경계가 명확하기 구분되지 않음을 볼 수 있다. 층별이 확실하게 되지 않은 경우는 제품에 적용하기 전에 다시 Big X가 확실한지 검증이 필요하다.

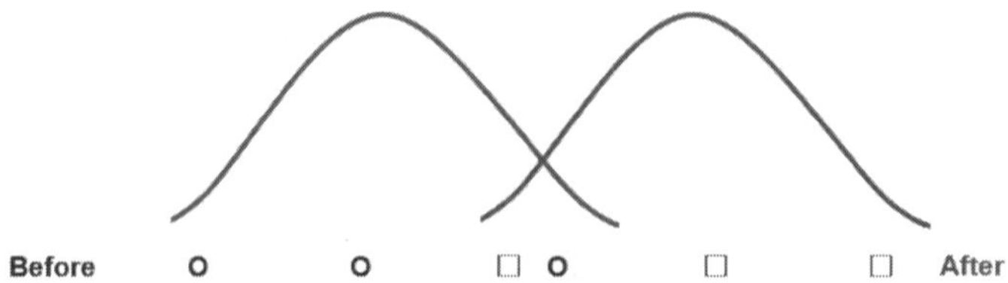

▌그림 40▐ B/A Test 끝 수 4

〈그림 41〉의 경우는 Before제품과 After제품이 혼용이 된 것이 아닌지 확인할 필요가 있다.

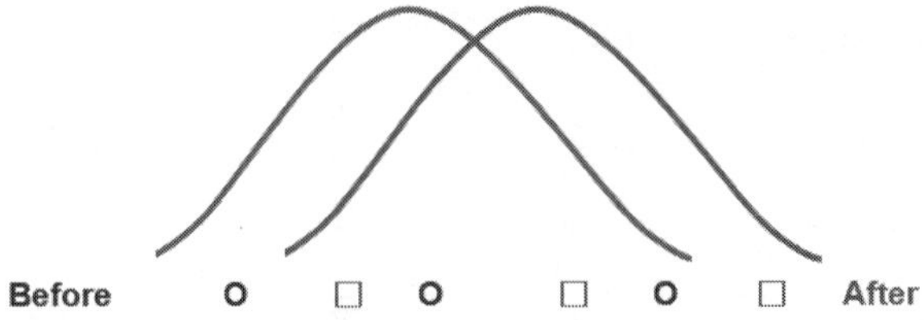

▎그림 41▕ B/A Test 끝 수 2

〈그림 42〉의 경우는 개선 사항을 적용하기 위해 다시 한 번 확인이 필요함을 말한다. 개선한 내용이 Big X인지 검토해 봐야 한다. 4단계로 다시 돌아가서 확인 시험(Confirmation Test)을 다시 해야 한다.

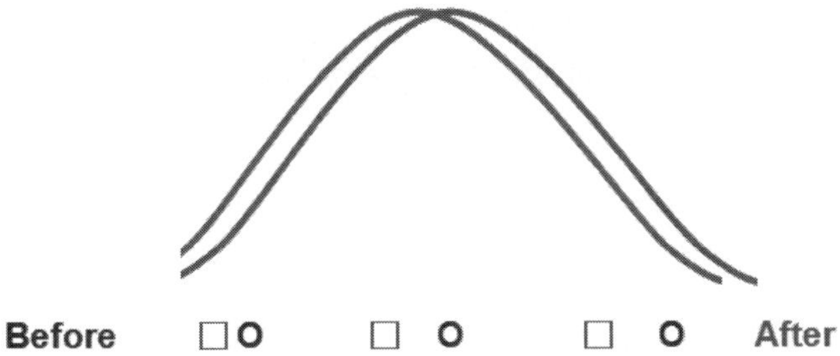

▎그림 42▕ B/A Test 끝 수 0

소수의 시험으로 개선 여부를 확인하기 때문에 샤이니 시그마에서 조금이라도 조건에 어긋날 경우는 꼭 다시 확인해야 한다.

C Test는 Confirmation Test의 약자로 적용을 위한 확인 시험이다.

BSI이론(Theory)을 바탕으로 5회 Test를 시행해서 Target Y의 Big X가 개선되면서 Target Y가 변경되는지 확인한다.

Sample	Target Y	Big X (Gap)	Fixed (적용)	Gap	Target Y
1	Non-Bonding	0.95	→	0.09	Bonding
2	Non-Bonding	1.17	→	0.09	Bonding
3	Non-Bonding	2.19	→	0.08	Bonding
4	Non-Bonding	1.79	→	0.09	Bonding
5	Non-Bonding	0.64	→	0.08	Bonding

❙그림 43❙ C Test

〈그림 44〉의 경우는 C Test가 완벽하게 통과된 결과이다.

제6장 'Y' 유지(Yield Check)

마지막 단계는 Big X를 찾아 해결된 사항을 3개월간 모니터링을 해서 재발되지 않는지 확인을 한다. 필요에 따라서 6시그마 관리 단계에서 사용하는 X Bar R 관리도나 P관리도를 사용한다.

샤이니 시그마는 문제가 발생되었을 때 문제의 현상을 관찰하고, 불량을 분석하기 위해 불량품만 분석하는 것이 아니라, 양품과 비교를 해서 문제 해결의 실마리를 찾는다. 또한 불량현상이 제품에서 나타났다고 해서 제품만 분석하지 않고, 공정에서 Big X를 함께 탐색한다. 공정의 조건이나, 설비도 모두 포함하여 Big X를 탐색하기 때문에 부품, 제품, 공정으로 시야를 넓게 문제를 바라볼 수 있다는 특징이 있다.

L기업의 공장 SMT라인에서 2016년 8월 원인이 불분명했던 인쇄회로기판 (PCB; Printed Circuit Board) SMT 제조 현장에서 발생한 일부 인쇄회로기판내 부품의 Reflow 불량 문제를 해결하는 과정을 샤이니 시그마의 기법을 적용하여 해결하였다.

SMT제조계의 과제 해결의 리더와 감독자 4명과 3명의 현장작업자로 Task가 구성되었다. Target Y는 SMT불량 건 수 이고,, 언제 어떤 공정에서 불량이 발생했는지를 파악한다. 문제 유형은 외관불량이고, SMT불량을 유발하는 Big X 공정을 찾는 과제를 시작한다. 프로젝트트리(Project Tree)를 시작한다. 문제의 현상과 발생원리를 기입하고 문제의 형태를 외관(Defect)문제인지 동작(Event)문제인지 치수(Feature)문제인지를 파악하고 프로젝트트리(Project Tree)에 업데이트한다. 문제의 형태에 따라 측정되는 데이터의 종류가 계수형인지 계량형인지 정해지기도 하나, 프로젝트트리(Project Tree)의 3번째 가지치기에 측정되는 데이터의 종류를 표현한다. 이 문제의 경우는 외관(Defect)문제이고, 계수형 문제로 선택을 하고 나머지 형태의 문제와 계량형은 오른쪽 위에서 왼쪽 아래로 사선을 그어 기각(Denied)표시를 한다.

〈그림 44〉와 같은 차이흐름도를 이용하여 비교 대상을 선정한다. 불량이 발생한

당시 2개의 SMT 라인에서 3종류의 인쇄회로기판을 SMT하고 있었다. 최상품과 최하품을 탐색하는 과정 중에 문제가 되는 인쇄회로기판의 두께가 2.0T 이상에서만 나타나는 것을 확인했다.

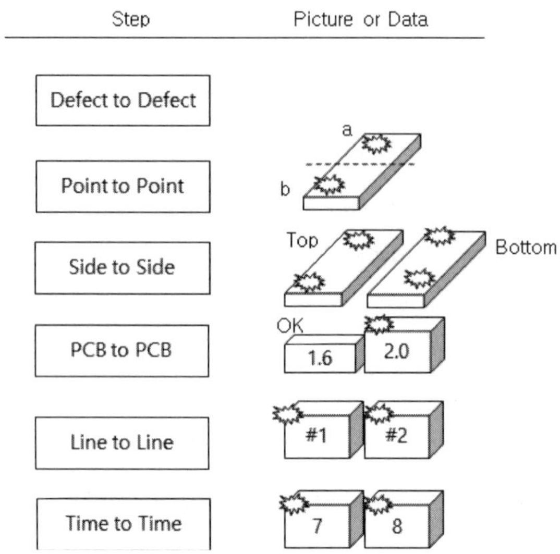

❙그림 44❙ 비교흐름도 -차이를 발견

〈그림 44〉는 차이흐름도를 간략하게 도시하였다. 3종류의 PCB를 비교한 결과 2.0T 이상의 PCB에서만 불량이 나타난 것을 확인했다. 2.0T 이상의 PCB를 Worst로 선정하고, 2.0T 이하의 PCB를 Best로 선정하여 Big X를 탐색한다.

불량이 나온 공정을 공정탐색법을 이용하여 살펴보고, E공정이 Big X 후보로 나타났다. 〈그림 45〉와 같이 전 공정을 탐색한 후 불량이 나온 공정을 Big X 후보 공정으로 선정한다. 공정탐색을 3일 간 한 것이고, 3일 동안 E공정에서 불량이 발생되는 것이 관찰되어 Big X 후보로 선택을 한 것이다.

샤이니 시그마과제를 시작하게 되면 공정탐색을 위해 생산 라인(Line)에 데이터 측정을 위한 장비나 설비를 추가할 수 있어야 한다. Big X 탐색을 위한 공정탐색법 사용 시 중요한 것은 E공정에 나타난 불량 현상을 D공정 이전에 이미 징후(symtom)

가 있었다거나, D공정 이전에 복합적인 문제들이 E공정에 발현되었다는 식의 가정(assume)하지 않는다. 보이는 대로 판단하고 보이는 대로 의사결정을 하고 과제를 진행한다.

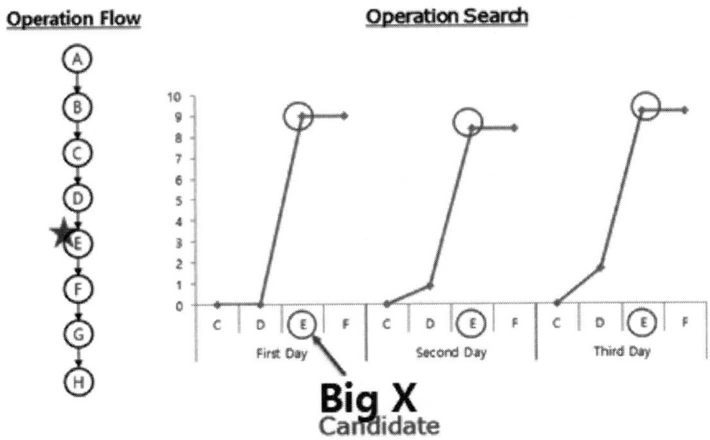

❙그림 45❙ 부품탐색

불량이 나온 공정을 공정탐색법을 이용하여 살펴본 결과, E공정이 Big X 후보로 나타났다. 이 공정의 조건들을 〈그림 46〉과 같이 대응비교를 실시하여 어떤 공정 조건이 Big X였는지 확인한다. Big X 공정 조건은 4번임을 확인하였다. 양품과 불량품을 5번 연속적으로 재현하고 있다. BSI가 5임을 확인하였다. 공정 조건 4를 Big X로 확정한다.

	Pair 1		Pair 2		Pair 3		Pair 4		Pair 5	
	Best	Worst	Best	Worst	Best	Worst	Best	Worst	Best	Worst
Target Y	OK	NG	OK	NG	OK	NG	OK	NG	OK	NG
Parameter 1	-0.68	0.95	0.1	1.17	-0.12	2.19	-0.25	1.79	0.02	0.64
Parameter 2	11.52	1.53	11.51	1.50	1.51	11.51	1.52	11.52	1.53	1.51
Parameter 3	1.52	21.53	21.51	1.50	1.51	1.51	21.52	12.52	1.53	21.51
Parameter 4	15.52	1.53	15.51	1.50	51.51	1.51	15.52	1.52	15.53	1.51

❙그림 46❙ 대응비교

불량이 나온 공정을 개선하고, 이전 제품과 현재 제품을 그룹 비교하여 적용을 한다. 적용을 할 때는 이미 4단계에서 확인이 되었으므로 이전 공정조건으로 3개, 현재 공정조건으로 3개만 시험해 본다. 끝수가 6이 나오면 바로 생산 라인을 가동한다. Big X 공정 후보를 찾고, Big X 공정 조건을 찾아 조절하여 문제가 해결되었는지 시험하는 단계가 5단계 적용 단계다. 〈그림 47〉과 같이 시험이 완료되어 공정조건을 변경하여 생산을 가동한다.

Parameter 4	B/A
15.52	A2
15.52	A1
15.53	A3
1.51	B2
1.50	B1
1.52	B3
End Count = 6	

❙그림 47❙ B/A Test

변경한 공정 조건으로 생산이 불량을 유발하지 않고, 잘 생산되는지 잘 관찰해야 한다. 이때는 통계적 공정 관리 기법인 관리도를 이용한다.

샤이니 시그마를 통해 공정 불량을 신속하게 개선한 L기업의 과제 리더는 다음과 같이 소감을 말했다. "매일 라인에서 생기는 불량 수만 확인하고, 불량을 구별하여 제품에 투입되지 않도록 불량 검출 인력을 늘릴 생각을 하고 있었다. 매일 수천 개의 제품을 생산하다 보니 몇 개의 불량은 우연히 생기는 것이고, 생산 현장 Line에서는 어쩔 수 없다고 생각했었다. 샤이니 시그마 기법으로 과제를 시작할 당시에는 큰 기대가 없었는데, 2단계에서 양품과 불량품의 차이를 비교하는 것으로 원인을 쉽게 알 수 있었다. 이제까지 두께가 1.6T 이상을 SMT해본 적이 없는 라인이다. 2.0T 이상 두께를 가진 인쇄회로기판의 SMT를 한다면 공정조건을 바꾸면 이 문제가 안 생길 것 같다고 생각했고, 3단계에서 공정조건을 Big X후보로 선정하고 4단계에서 그룹비교를 통해 공정조건을 다르게 가져가면 문제가 생기지 않을 것이라고 확신을 했다. 샤이니 시그마는 이해하기도 쉽고 적용하기도 쉬워서 앞으로 문제가 생기면 꼭 다시 사용할 것이며, 좀 더 자세히 알 수 있는 교육 참여의 기회가 생기면 적극 참여하겠다."

같은 인쇄회로기판 SMT를 하는데 갑자기 불량이 생긴 공정에 샤이니 시그마의 기본적인 소개를 통해 단 이틀 만에 문제의 근본 원인인 의심 가는 Big X를 찾았고, 그룹비교를 통해 Big X를 확인 후 공정조건을 바꿔서 동일 문제가 생기지 않게 되었다.

샤이니 시그마를 2016년도에 처음 적용한 L기업은 4개의 Task와 32개의 개별과제를 통해 모든 과제에서 Big X를 2주 안에 찾아냈으며, 재발된 문제는 없었다. 2017년도에는 13개 과제가 시행되었고, 모든 과제가 Big X를 찾아내는 데 소요된 시간은 2주 이내였다. Big X를 찾아 조치된 문제에 대해서는 3개월 이내에 재발되는 경우는 없었다. 2018년에도 6개의 과제가 시행 중이며, 3개월의 문제 재발 여부를 확인 한 후에 완료 승인할 예정이다.

통계적인 지식도 필요 없고, 약 1일 8시간의 훈련만으로도 즉시 적용할 수 있다는 장점이 있고, 현업적용도도 매우 높아 현장 직원들에게 효과적이었다. 익혀야 할 SW 프로그램도 없다. 종이에 기입하면서 과제를 진행할 수 있다. L기업은 현장에서 자발적으로 수행되는 과제 중 90%가 샤이니 시그마 기법을 사용한 방법이었다. 샤이니 시그마가 현장 문제의 개선활동 활성화에 기여한 바가 크다고 볼 수 있는 내용이다.

샤이니 시그마는 L기업의 전사업장에 근무하는 현장인원들에게 교육을 진행 중이며, 해외법인 현지채용인원들에게도 전파교육을 할 수 있는 교육을 실시하여 전파 중이다. 전파교육을 할 수 있는 수준의 방법론 교육도 2일 만에 완료하였다.

샤이니 시그마 활동으로 문제 해결하는데 소요된 기간은 평균 10일이고, Big X 후보를 확인하는데 5일 이내의 시간이 소요된다. 샤이니 시그마는 문제 해결에 2주 내 해결하는 유용한 기법임을 확인할 수 있었다. 2016년에 L기업은 샤이니 시그마를 적용하여 해결한 36개 과제는 동일 문제로 인한 불량이 발생되지 않음을 확인했다.

샤이니 시그마를 적용한 L기업에서는 2017년 한 해 동안 자발적으로 13건의 과제를 수행하였고, 개발품질 개선에 4건 및 양산품질 5건 시험법 개발 과제로 3건과 공정 조건을 최적화하는 과제 1건을 수행하였다. 개선 적용 후 3개월 이내에 재발되는 문제는 단 1건도 없었다.

모든 문제는 현장에서 발생한다. 현장에서 자발적으로 문제의 근본원인을 찾고 개선하지 않으면 문제 해결에 소요되는 시간도 오래 걸리고, 경영 손실로 이어질 수 있다. 누구나 쉽게 사용할 수 있는 소수의 데이터로도 분석이 용이한 현장에 적합한 샤이니 시그마를 통해 현장 문제 개선 활동 활성화에 기여하였다.

샤이니 시그마 전문가를 MGB(Master Green Belt)로써 6시그마의 GB나 BB와 다르게 차별성을 주어 현장 전문가의 문제해결역량에 따른 전문성을 인정해 주어야 한다. 샤이니 시그마 전문가를 효과적으로 육성하기 위한 교육프로그램과 새로운 6시그마 Belt제도에 대한 검토가 필요한 시점이다.

제3부 데이터 과학자

데이터 과학(Data Science)이란 데이터로부터 의미 있는 정보를 추출해 내는 학문이다. 통계학이나 데이터마이닝의 개념과 다른 것은 분석 대상이 되는 데이터이다. 통계학은 정형화된 실험데이터를 분석의 대상으로 하는 것에 비해 데이터 과학은 정형화된 데이터만이 아니라 숫자와 문자 영상 정보 등 다양한 유형의 데이터를 대상으로 한다. 데이터마이닝은 자료의 분석에 초점을 두고 있는 개념인데, 데이터 과학은 데이터 공학(Data Engineering), 수학, 통계학, 컴퓨터 공학, 시각화(Visualization) 지식을 종합한 학문으로 정의하기도 한다(Wikipidia).

데이터를 처리하고 분석하는 것뿐만이 아니라 데이터의 분석의 시각화된 결과를 통해 이해하기 쉽게 표현하는 것이 강조되고 있다.

Jagadish(2015)에 의하면 빅 데이터는 데이터의 특징에서 나온 의미이고, 데이터 과학은 데이터의 사용에서 그 차이를 설명한다. 데이터 사이언스를 디지털 데이터에 대한 과학적 관찰, 이론 개발, 시스템적 분석, 가설 실험, 검증을 하는 분야라고 정의하고 있다(Jagadish, 2015).

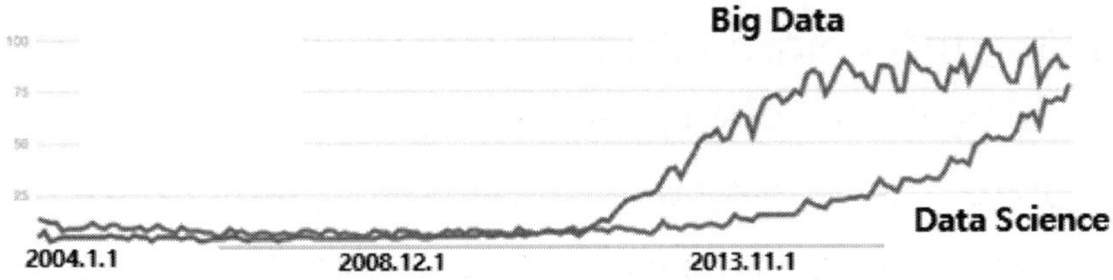

▌그림 48▐ Data Science, Big Data Terminology Degree of interest

〈그림 48〉에서와 같이 데이터 사이언스와 빅 데이터에 대한 관심도는 2012년 이후 급격히 증가하고 있다(Google Trends 2018). 세계적인 연구기관인 Gartner가 매년 발표하는 10대 기술 중에 2012년에 빅 데이터가 선정되었다(Gartner, 2011). 세계경제포럼은 2012년에 떠오르는 기술 중 하나로 빅 데이터 기술을 선정하였고, 국내에서도 지식경제부에서 10대 핵심 기술에 빅 데이터가 선정되기도 하였다(Choi, 2012).

데이터 과학자(Data Scientist)는 데이터 과학과 관련된 분야를 전공하고 데이터 분석과 관련한 업무에 종사하는 사람을 말한다. 데이터 과학자는 현장에 존재하는 대량의 데이터를 수집하고, 분석에 적합한 형태로 처리하고, 데이터가 의미하는 바를 분석하고 정리하여 다른 사람에게 효과적으로 전달한다(O'Reilly Media, 2012).

데이터과학자는 세계적으로 드물며, 육성하기도 쉽지 않다. 기능적 관점에서 특정한 분석 방법에 집중하는 것 보다는 회사 전체 차원에 영향을 미치는 데이터를 찾아내는 역량이 중요하다. 즉, 회사 전체 차원에서의 시스템적 사고가 필요하다. 학교 교육으로 감당할 수 있는 것이 아니라 오랜 시간의 기업에서의 경험 누적이 필요한 일이다.

데이터 과학이 컴퓨터 공학과 통계학 등 다양한 관련 학문이 융합되고 복합된 의미로 사용하기 때문에 정통한 전문가는 존재하기 어렵다. 데이터 과학자는 태생적으로 최소한 2, 3개의 분야에 정통한 학제적 배경을 가지고 있어야 한다(O'Reilly Media, 2012). 특정 영역의 전문가가 데이터 과학자로 이동할 수 있다. 지식과 스킬(Skill) 그리고 역량의 문제다. 근접한 업무일수록 이동이 용이하다. 예를 들어 Business Intelligence Analysts, Data Analysts, Operation Research Analysts, Computer Scientist or Programmers는 데이터과학자와 근접한 업무이다. 6시그마 MBB(Master Black Belt)는 Data Analysts라고 볼 수 있다.

캐글(Kaggle)은 데이터 분석상의 문제와 데이터를 공개하면 데이터 과학자들이 최상의 해법을 제시하는 사이트다(http://www.kaggle.com/). 100여 개 국가에서 참여하고 있는 사람들의 전공별 분포는 컴퓨터 과학이 15.6%로 가장 높고 통계학이 11.6%, 경제학이 10.0%, 수학이 8.8%로 데이터 과학자의 학문적 배경을 확인할 수 있다(O'Reilly Media, 2012).

데이터 과학자의 요구역량

〈그림 49〉에서 나타난 바와 같이 빅 데이터와 AI기반의 CPS(Cyber Physical System)가 도입되어 제조업의 혁신이 일어날 것으로 보인다. IoT, 빅 데이터, 인공지능에 대한 지식을 두루 갖춘 인재가 향후 4차 산업혁명 시대의 제조현장에서 필요한 데이터 과학자의 역량이다. 스마트 공장은 공급관리, 생산관리, 설비관리, 안전관리 및 에너지 환경 부문에서도 IoT Sensor에 대한 기술과 IoT Big Data, Data Analytics 역량이 필요하다(Cho, 2017).

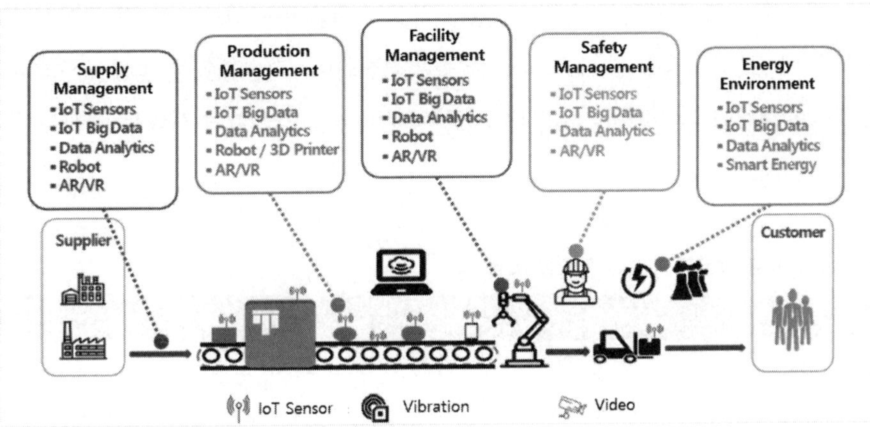

｜그림 49｜ Smart factory concept

빅 데이터는 테라바이트 이상의 많은 양의 데이터를 말하기도 하며, 데이터를 처리하기 위한 알고리즘이라고 한다. 세계적인 컨설팅 업체 맥킨지는 빅 데이터를 데이터 수집, 저장, 관리, 분석하는 것을 넘어서는 규모로 정의는 주관적이면서 계속 변화할 것이라고 언급한다.

자동화 설비를 갖추고, 시뮬레이션을 할 수 있고, 시스템들이 서로 정보를 공유하며 이 모든 것을 인터넷으로 연결하고 클라우드 컴퓨팅으로 쉽게 접속할 수 있고,

블록체인을 통한 사이버 보안과 생산 현장에서 필요한 부분을 증강현실로 바로 볼 수 있고, 이 모든 과정을 빅 데이터로 수집하고 분석하여 설비의 자주보전활동까지 설비 스스로가 알아서 하는 똑똑한 설비, 똑똑한 공장을 보여준다(Lee, 2017).

4차 산업혁명 시대를 대비하고, 스마트 팩토리를 구축함에 있어 인재가 필요하고, 이와 같은 인재들이 보유해야 할 역량을 파악해 〈표 21〉에 정리하였다. 첫째 데이터 수집이다. 어떤 데이터를 수집해야 하고, 어떻게 수집해야 하는지에 대해 알아야 한다. IoT에 대한 이해와 학습 그리고 각종 센서들에 대해서도 알고 있어야 한다. 둘째 저장 및 분석 기술이다. 수집된 데이터로 상태를 실시간으로 분석하고, 의사결정을 신속하게 할 수 있도록 도움을 줄 수 있도록 해야 한다. 셋째, 가치창출이다. 수집된 데이터로 분석을 하면서 시스템 자체로 머신 러닝을 통한 부가가치를 창출 할 수 있도록 알고리즘을 설계하고 만들 수 있는 역량이 필요하다. AI로 불량의 미연방지는 물론 신속한 문제해결을 할 수 있다. 끝으로 최적화다. 기술융합을 통해 최적화하고 성과를 이끌어 낼 수 있어야 한다. 이러한 역량이 4차 산업혁명 시대를 이끄는 주요 핵심 역량이다.

| 표 21 | 스마트 팩토리 구축에 필요한 핵심 역량

역량	핵심기술	내용
데이터수집	IoT	Collect data from sensors
저장, 분석	Cloud & Big Data	Analyze status with collected data
가치 창조	AI	Preventing problems and resolving problems quickly
최적화	Technology convergence	Optimize and increase efficiency

스마트 팩토리를 구축하는 데에는 어느 한 영역에서 일을 했던 사람보다는 전체 관점에서 시스템을 보고, 프로세스를 볼 줄 아는 사람이 필요하다. 데이터를 수집할 때도 어떤 공정에서 어떤 데이터를 어떻게 수집해야 할지 판단하는 것이 필요하다.

무조건 많은 데이터를 무분별하게 수집할 것이 아니라, 가장 시스템을 잘 설명하는 설명력이 높은 측정 항목을 선정하는 것이 중요하다. 6시그마에서 개선의 대상을 선정하고, 측정의 타당성을 분석해 온 경험과 실력을 가지고 있는 6시그마 MBB가 이에 적합한 넓은 시야를 가지고 있다. 또한 데이터 분석 역량도 6시그마 MBB가 기본적으로 보유하고 있는 역량이다. 각종 품질 문제나 연구 개발 시에 발생한 최적화에 대한 문제에도 6시그마 MBB가 문제 해결을 리더십을 발휘하여 주도적으로 해결할 수 있다. 6시그마 MBB와 4차 산업혁명 시대의 핵심인재의 필요 역량이 많은 부분 동일하다.

❙ 표 22 ❙ Six Sigma MBB Capabilities Required to Build Smart Factories

Required Competency	Six Sigma MBB Capability
Collect data from sensors	Sampling, data measurement, measurement feasibility analysis
Analyze status with collected data	Statistical analysis (T / F test, ANOVA, etc.)
Preventing problems and resolving problems quickly	Solve problems with statistical analysis
Optimize and increase efficiency	Optimization capability through planning and analysis of experiments

〈표 22〉에서 스마트 팩토리 구축에 필요한 역량과 6시그마 MBB의 보유 역량을 비교하였다. 상당 부분 6시그마 MBB가 기본적인 역량을 갖추고 있다. 데이터를 수집하는 부분에서 6시그마 MBB는 올바른 표본추출에 대한 개념과 데이터 측정을 할 때도, 측정 항목과 측정 시스템의 타당성 분석을 할 수 있는 역량을 보유하고 있다.

수집된 데이터를 통계분석 툴을 통해 T Test나 F Test를 분석하고, 통계적인 의사결정을 할 수 있다. 6시그마 MBB가 보유하고 있는 통계역량을 나타내면 〈표 23〉와 같다(Kim et al, 2017). 많은 통계분석 역량을 보유한 6시그마 MBB를 4차 산업혁명 시대를 이끌 인재로 활용하면 더 좋은 성과를 조기에 올릴 수 있다. 그러나 6시그마 MBB에게 부족한 역량이 있다.

┃표 23┃ Six Sigma MBB Capability

Step	Define	Measure	Analyze	Improve	Control
Six Sigma MBB Capability	Logic Tree (Big Y-little y's) Process mapping Brain-Storming Pareto Analysis QFD FMEA Kano Analysis Process Activity Mapping Quality Function Analysis	Probability Distribution -Continues -Attribute Sample Distribution GageR&R RSP Capability Analysis As-Is Value Stream Mapping Process Cycle -Efficiency BRM (Business Risk Management) Detail 'As-Is' Process Map	C&E Diagram Logic Tree Sampling 1sample t-test 2sample t-test F-test Chi-square test 1proportion test 2proportion test ANOVA Regression AHP VA (Value Added)/ NVA (Non Value Added) Time Analysis Video Analysis	FD, FFD RCBD ANOCOVA MoSA RSM Osbone's Checklist ECRS SCAMPER To-Be Value Stream Mapping Mistake Proof (Poke-Yoke) Kanban Automation Simulation LOB Analysis TPM Kaizen To-Be Process Map Pick Chart	Should-be Mapping Fool Proof Standardization Control Chart -Xbar-R -NP -P -C -U Visual Control

6시그마 MBB가 4차 산업혁명 시대에 필요한 역량은 첫째 빅 데이터 분석 역량, 둘째 IoT 관련 지식, 끝으로 인공지능 프로그램 작성 능력이다. 이에 맞춘 필요 훈련은 SAS를 포함한 통계 툴 활용 훈련과 IoT에 대한 체계적인 교육 그리고 인공지능 프로그램을 직접 작성할 수 있는 능력이다. 그리고 이러한 역량을 가진 인재를 '데이터 과학자'라고 말할 수 있다. 2017년에 발간된 명견만리 시리즈의 탐구편에 확률과 통계를 기반으로 4차 산업혁명을 이끌어갈 주역으로 데이터 과학자를 언급하고 있다. 미국의 맥킨지 보고서는 2018년 미국 내 데이터 과학자가 16만 명이 필요할 것으로 예측했다. 데이터를 분석해서 가치를 뽑아낼 줄 아는 능력을 가진 사람이라고 데이터

과학자를 정의한다. 데이터의 홍수 속에서 일정한 패턴과 경로를 찾아 상관성을 찾아내고, 활용을 어떻게 할 것인지를 효과적으로 분석하고 결정하는 역량을 가진 사람이다(Schwab, 2016).

6시그마 MBB는 GB와 BB를 거치면서 기초적인 통계 학습과 확률의 개념을 이용하여 통계적인 의사결정을 하고, 올바른 방법으로 데이터를 수집하고, 분석하여 성과에 기여하는 일을 했으며, GB와 BB들의 프로젝트를 지원하고 지도할 수 있는 역량과 GB와 BB 교육을 실시할 수 있을 정도로 기초 통계와 확률을 이용한 분석 역량을 가지고 있다. 데이터 과학자의 역량으로서 IoT에 대한 개념과 빅 데이터를 구현하는 프로그램을 숙지하면 4차 산업혁명을 선도하는 데이터 과학자를 보다 빠르게 육성할 수 있다.

| 표 24 | Required Competency and Training for Data Scientist

Property	Capability	Required Competency (+σ)	Required training
Six Sigma MBB	leadership education training Statistical analysis	Big Data Analysis IoT related knowledge Artificial intelligence programming skills	Big Data Training Statistical training R program

〈표 24〉와 같이 6시그마 MBB들에게 데이터 과학자로서 필요한 역량인 빅 데이터 교육과 통계 훈련과 빅 데이터 분석을 구현할 수 있는 R프로그램에 대한 기본 교육을 일정 시간 동안 훈련을 받으면 스스로 빅 데이터 분석 알고리즘을 작성하여 성과를 낼 수 있다.

문제를 정의하고 분석에 대한 프레임워크를 도출하고, 분석 모형과 기법을 제시하고 협의할 수 있는 업무 전문가 역할과 빅 데이터의 분석 요건을 정의하고, 분석모델 적용 및 결과를 도출하는 분석 전문가와 빅 데이터를 추출하고 정제하고 요약하는 IT전문가이다.

제1장 빅데이터 분석 능력을 갖춘 빅데이터MBB 육성

빅데이터MBB 정의

〈표 25〉와 같이 Level 5의 역량을 가진 MBB가 Level 5의 빅데이터 분석 역량을 보유하면 빅데이터MBB이다. 6시그마 교육을 할 수 있고, 개선과제를 직접 수행 및 지도할 수 있는 수준이 MBB이고, Level 3의 역량을 가졌다고 볼 수 있다. 빅데이터 분석 기법을 6시그마 과제에 활용할 수 있는 역량을 보면 낮은 수준의 빅데이터MBB 라고 할 수 있다. 현업의 빅데이터MBB는 Level 3의 역량을 가지고 있어도 된다.

빅데이터MBB를 육성하고 관리 감독하는 6시그마 팀의 빅데이터MBB는 최소 Level 4이상의 역량을 보유하고 있어야 한다. 6시그마 운영체계를 직접 설계하고 응용하고, 운영할 수 있어야 하고, 빅데이터 과제를 지도할 수 있어야 한다. 문제해결 영역에서 새로운 기법을 학습하고 응용할 수 있는 MBB는 Level 5에 해당되고, 빅데이터 교육을 실행할 수 있고, 분석환경을 직접 만들 수 있으면 빅데이터MBB Level 5에 해당된다.

빅데이터 분석 역량을 MBB(Master Black Belt)만 활용할 수 있는 것은 아니다. GB(Green Belt)나 BB(Black Belt)도 빅데이터 분석 기법을 활용한 과제 수행이 가능하다. 빅데이터 분석 기법이 중요해 진다면 기존의 6시그마 GB육성을 위한 교육 과정에 빅데이터 분석 기법 중 기초적인 통계그래프를 사용할 수 있도록 추가할 필요가 있다. 6시그마 GB에 해당하는 빅데이터 분석 역량을 정의하였다.

BB교육에서는 비선형 모형의 빅데이터를 가지고 그래프 분석을 활용할 수 있는 수준을 교육과정에 추가하여 6시그마 BB에 해당되는 빅데이터 분석 역량을 정의하였다.

MBB는 Level을 3등급으로 분류하여 빅데이터 분석 역량을 〈표 24〉와 같이 정의하였다.

| 표 25 | Six Sigma Belt capability

Defining Six Sigma capabilities			+Big Data
MBB (Master Black Belt)	Level 5	To learn and apply new techniques to help solve problems	Big Data education can be implemented and analysis environments can be created.
	Level 4	Six Sigma operating systems can be designed and applied.	can coaching Big Data project
	Level 3	Six Sigma training can be provided and can guide improvement tasks.	Big data analysis techniques It can be used for the Six Sigma project.
BB (Black Belt)	Level 2	Six sigma procedures and tools can be used to solve problems.	Big Data Nonlinear Model Graph analysis can be utilized.
GB (Green Belt)	Level 1	Basic tools for data analysis can be utilized.	Big Data Basic Statistics Graph Can be utilized.

빅데이터MBB 필요성 및 역할

L기업에서는 2017년 말부터 빅데이터 분석 역량을 갖춘 인재 육성에 관심을 가지고 6시그마 MBB를 집중 육성하는 TFT(Task Force Team)를 운영하고 있다. 선행 연구에서 언급하였듯이 스마트팩토리로 구현되는 지금의 현장에서는 IoT(Internet of Thing)의 발전으로 센서로 전 공정의 데이터를 측정하여 실시간으로 수집하고 있다. 데이터로부터 가치를 창출해야 하고, 데이터로부터 필요한 정보를 추출하고, 예측하고, 개선해야 한다. 빅데이터 전문가라고 해도 도메인 지식이 없으면 엉뚱한 분석을 할 수 있다. 빅데이터 분석역량을 보유한 업무 전문가가 필요하다.

MBB들은 분석, 수학과 통계학, 대인관계기술, 커뮤니케이션, 도메인지식은 이미 역량을 갖추었다고 볼 수 있다. 빅데이터 분석에 필요한 프로그래밍 언어, 머신러닝, 빅데이터 플랫폼에 관한 지식, 데이터베이스에 관련된 지식은 확보가 필요하다.

빅데이터MBB의 역할은 2가지 관점에서 볼 수 있다. 첫 째는 빅데이터MBB를 육성하고 관리하는 조직의 빅데이터MBB로서의 역할이다. 데이터기반의 분석에 대한 문화를 조성하고, 프로젝트를 관리하고, 교육을 시키고, 과제의 지도와 지원을 해야 한다. 두 번째는 현업의 빅데이터MBB의 역할이다. 현업의 빅데이터MBB들은 일상 업무에서 활용해야 하고, 성과 지향의 과제를 실행하고, 교육을 받으면서 과제를 수행해야 한다.

〈그림 50〉과 같이 빅데이터MBB프로젝트 팀이 구성이 되면 빅데이터 분석 전문부서의 전문적인 리딩과 지원을 필요에 따라 받을 수 있어야 하고, 6시그마 팀의 빅데이터MBB나 빅데이터MBB담당자의 지원과 협업을 할 수 있는 구조가 필요하다. 모든 과제가 Top-Down형태로 나올 수가 없는 특징을 가지고 있기 때문에 Bottom-Up 과제의 형태도 6시그마 팀의 빅데이터MBB는 지원과 관리를 동시에 해야한다. 빅데이터MBB과제 활성화를 위하여 빅데이터 커뮤니티를 운영하고, MBB와 BB까지 참여할 수 있도록 하여 추후 MBB후보 활동과 연계할 수 있도록 해야 한다. 빅데이터 MBB 프로젝트를 통하여 SW(Sofeware)분야의 6시그마 접목도 일어날 수 있도록 6시그마팀 빅데이터MBB의 리딩과 지원이 중요하다. 현장에서 일상의 업무에서 데이터 기반 의사결정을 6시그마와 빅데이터 분석을 활용할 수 있도록 활성화가 필요하고, 이를 전문적으로 선도해 나갈 인재는 빅데이터MBB이다.

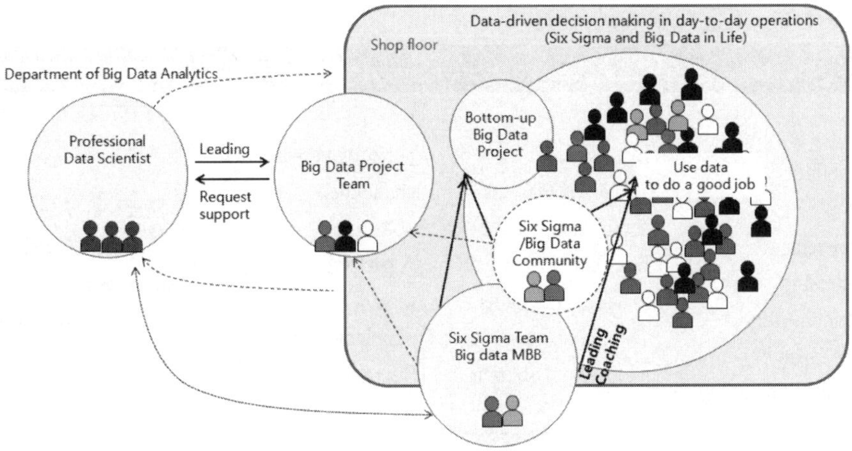

| 그림 50 | 빅데이터MBB 역할

빅데이터MBB의 요구 역량

빅데이터MBB를 육성하고 과제를 지도 및 지원하는 6시그마팀의 빅데이터MBB의 요구역량은 〈표 26〉과 같다. 사내에 빅데이터MBB를 육성하기 위해서는 이를 담당하고 관리할 책임자를 우선적으로 육성해야 하고, 6시그마팀의 빅데이터MBB는 고유한 기술역량은 당연히 보유하고 있어야 하고, 개선에 대한 실행력이 갖추어 있어야 한다. 리더십과 높은 커뮤니케이션 능력이 필수다. MBB에게 필수인 통계분석 역량과 모델링 역량이 추가로 필요하다.

6시그마팀의 빅데이터MBB는 빅데이터과제 완료 심사에 대한 권한과 과제를 제안할 수 있는 권한 그리고 지속적으로 빅데이터MBB로서 학습하고 성장하여야 한다.

6시그마팀 빅데이터MBB는 성과지향의 과제를 실행을 리딩하는 책임이 있고, 과제가 원활히 진행될 수 있도록 지도하고 지원해야 한다. 빅데이터MBB를 육성해야할 책임이 있다.

6시그마팀 빅데이터MBB의 평가는 과제 실행 건 수와 과제 지도 및 지원 건수 그리고 빅데이터MBB육성 인원 수로 할 수 있다.

| 표 26 | Big Data MBB vital ability

Capability	Authority	Responsibility	Evaluation
Unique technical capabilities The power of improvement Leadership Communication Stat Capability Modeling Capability	Big Data Approval of task completion Big Data Task suggestions The operation of an educational system	Execute performance-oriented challenges Leading A performance-oriented task Implementation Map / Support Promote Big Data MBB	Number of task runs Number of tasks supported Big Data MBB Count

빅데이터MBB 육성 방향

빅데이터MBB 또한 기존 MBB제도와 연계하여 운영하는 것이 좋다. 빅데이터MBB로 육성된 사람은 혼자서 빅데이터MBB과제를 실행가능 하게 하는 것이 목표이다.

빅데이터MBB 지원자를 모집하고, 조직책임자나 담당임원의 추천을 받는 것이 좋다. 이론교육을 5일간 진행하고, 과제는 6개월 이내로 완료할 수 있도록 한다. 과제의 충실도와 완성도를 평가하고, 구술시험과 인터뷰를 통해 인증한다.

빅데이터MBB는 적극적이고, 긍정적이며, 분석적인 사람이 적합하다. 무엇보다 선발되고 육성된 빅데이터MBB가 지속적으로 활동을 할 수 있도록 하려면 조직차원의 지원이 필요하다. L기업에서는 빅데이터MBB과제의 활동급을 지급하는 제도를 가지고 있으며, 성과에 따라서 차등지급하고 있다.

빅데이터MBB 육성 절차

빅데이터MBB육성은 5단계로 진행된다. 우선은 인원을 선발하고 필수교육과 선택교육으로 나눠진 교육을 이수하고, 프로젝트를 실행해서 평가를 받고, 인증을 받은 후 지속적인 활동을 하게 한다. 〈표 27〉에서 나타난 바와 같이 인원은 자발적으로 선발하되 조직책임자와 담당임원의 동의가 필요하고, 필요할 때는 추천인원도 선발한다. MBB들에게는 빅데이터MBB인증 기회를 주어 역량 레벨을 상위 조정할 수 있는 기회를 주고, MBB후보(BB; Black Belt)에게는 MBB인증을 빅데이터MBB로 한다. 빅데이터MBB의 경우는 기존 MBB교육과 공통으로 받는 교육 외에 개인의 보유 역량에 따라 필수교육 외에 선택교육을 추가로 이수해야 한다. 프로젝트 실행에 필요하면, 프로젝트 실행 중이라도 교육은 추가로 이수해야 한다.

프로젝트는 최소 4개월에서 6개월 사이에 완료될 수 있는 조직의 성과에 기여도가 큰 과제를 선정하고, 빅데이터 분석 기법을 반드시 활용하고, 담당MBB의 지도와 지원을 충분히 받도록 한다. 그리고 과제의 시작과 끝을 포함하여 담당 임원 보고를 최소 3회 이상 하도록 한다. 과제의 충실도와 완성도 및 성과의 측정에도 중요한 요소다.

빅데이터MBB 평가와 인증은 6시그마팀에서 하고 필수교육을 모두 수강하였는지와 과제의 성과와 충실도 및 완성도를 다면 평가하여 인증을 한다. 빅데이터MBB의 인증은 CEO가 하고, 6시그마팀은 인증을 추천한다.

빅데이터MBB로 인증이 되면 자동으로 빅데이터MBB연구회에 가입이 되고, 매년 1건 이상의 과제 수행 및 조직에서 과제를 지도하는 역할에 따라 빅데이터MBB 활동급을 지급한다.

| 표 27 | Procedure for promoting Big Data MBB

인원선발	교육/훈련	과제 실행	인증
MBB or MBB후보 (BB)	Compulsory education Big Data Modeling Big Data Seminar Elective training R Stat Multivariate analysis Empirical Data Analysis Data visualization	Register Task (Six Sigma Team) In charge of Map and Support Frequent reporting of responsible executives	Training courses Project Assessment and Passment

공정 CTQ(Critical to Quality) 모니터링 시스템 개발

L기업에서는 6시그마 MBB를 대상으로 22명을 선발하여 2017년 3월에서 6월까지 빅데이터MBB 육성 과정을 운영 후 3개월 이후인 9월에 공정불량을 예측할 수 있는 알고리즘을 개발하였다.

고객사로부터 최근 3년의 필드데이터와 전 공정 데이터 및 비정형 데이터까지 확보하여 〈그림 51〉과 같이 구현하였다. 데이터 분석프로그램은 R을 활용하였다.

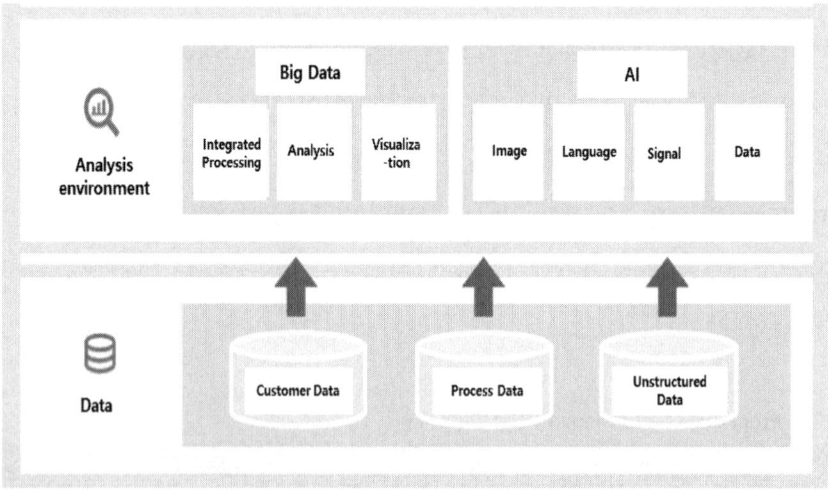

▌그림 51▐ Data Analytics & AI Platform

L기업에서 4차 산업혁명을 선도할 데이터 과학자를 육성하고 성과를 내는 과정에 대한 사례를 살펴보면 6개의 단계로 나눠서 볼 수 있다.

1단계는 교육대상자 선정 및 교육을 준비하고 시행하는 단계다.

L기업에서는 6시그마 MBB 중에서 담당 임원의 추천과 조직 책임자의 동의로 교육대상자를 선정하고, 3개월에 걸쳐 약 3주간의 집합 교육을 실시하였다. 집합 교육은 실무와 분리시키기 위하여 회사 밖에서 실시하였다. 아침 8시부터 밤 8시까지 점심과

저녁을 시간을 제외하고 매일 10시간 집중 교육을 하였다. 첫째 주는 4차 산업혁명 시대와 데이터 과학자로서 알아야 할 기본적인 통계지식과 통계 툴에 대한 교육을 실시하고, 둘째 주 부터는 시범과제를 선정하여 진행 할 수 있는 프로그램 사용법 교육을 시작하고, 셋째 주에는 시각화와 데이터마이닝과 기계학습을 통해 알고리즘 스스로 학습하여 진보할 수 있는 예측분석, 신경망분석, 딥러닝에 대한 기초 학습을 실시하였다.

표 28 Big Data MBB Training Curriculum

Subject	Training content	Training Time
Six Sigma MBB	Supervised Learning K-Nearest Neighbors(KNN) Decision Tree Logistic Regression Naive Bayes Random Forest Gradient Boost Machine Super Learner Unsupervised Learning Clustering Principal Component Analysis Text Mining	10hours/day 3Weeks

〈표 28〉과 같이 L기업에서는 6시그마 MBB대상으로 3주(15일)동안 매일 10시간 동안 통계학과 다변량 통계, R프로그래밍, 빅 데이터 방법론, 기계학습, 비정형 데이터 마이닝과 웹 마이닝, 예측분석과 사물인터넷, 빅 데이터 플랫폼 설계와 신명망분석. 끝으로 딥러닝에 대한 기본 교육을 실시하여 조기에 4차 산업혁명 시대를 이끌 핵심인재 데이터 과학자 육성에 성과를 올렸다. MBB들은 L기업에서 10년 이상 근무한 인재들이었고, L기업의 제품 개발 및 품질 부서와 생산 부서에서의 업무 경험으로 폭넓은 시야로 문제를 접근하고 어떤 데이터를 어떻게 수집해야 할지 결정하는 데 기여하였다.

2단계에서는 시범과제 선정를 선정하였다. 현장 실무에서 발생했거나, 발생 중인 이슈 중에서 개선이 시급한 사례를 시범과제 후보로 선정하고, 그 중 1개 과제를 1인 1프로젝트 형태로 선정하여 진행한다. 시범과제는 2주차 때 선정이 되며, 교육을 수강하면서 과제가 진행되도록 하여 교육 효과를 높였다. 시범과제는 현재진행형 문제나 발생빈도가 높은 문제, 즉 고질적이며 만성적인 문제를 과제로 선정한다. L기업의 Cooling plate는 상판과 하판을 접착시켜 냉각수를 흐르게 하는 부품인데, 부풀어 오르는 현상(swelling)이 고질적이면서 만성적인 불량이었다.

3단계는 데이터 수집를 수집하는 단계다. 선정된 과제에 대해 모든 데이터를 3년간의 필드 데이터와 전 공정의 데이터를 대상으로 수집하고, 정형데이터와 비정형데이터를 모두 수집한다. 이 때 양품과 불량의 데이터를 구분한다.

Cooling plate에 관한 모든 데이터를 수집한다. 1차적으로는 L기업의 공정데이터와 Cooling plate의 원재료의 물성치에 대한 데이터를 수집한다. 2차적으로는 Cooling plate를 생산하기 위한 협력사의 공정데이터도 수집한다. 특히 불량을 유발했던 시점의 모든 데이터들을 구분하여 수집한다. 이는 샤이니 시그마 기법 중 Best와 Worst의 차이가 큰 특성치를 발견하기 위함이다(Kim et al, 2017).

4단계 데이터 분석 알고리즘을 작성하였다. 필드데이터와 공정데이터 그리고 고객데이터를 가지고 현상을 보여주고, 문제를 예측할 수 있는 분석 알고리즘을 설계하여 작성한다. 수집된 모든 데이터에서 양품과 불량품을 유발한 모든 특성치를 빈도별로 구분하고, 가장 빈도가 큰 항목부터 통계적으로 유의확률을 계산하여 영향도가 가장 큰 항목부터 순차적으로 나타낸다.

5단계 시각화를 하였다. 과제의 시각화 단계에서 분석한 결과를 시각적으로 보기 편하게 구성하고, 변경했을 때의 시뮬레이션 결과도 보여주고, 히스토그램이나 파레토차트를 이용하여 영향이 큰 인자를 판단할 수 있게 구성하고 〈그림 55〉와 같이 트렌드분석을 하여 문제가 되는 그룹도 쉽게 발견할 수 있도록 구현한다. 〈그림 55〉는 Cooling plate의 접착제의 접착력의 대한 데이터를 시간대 별로 나타낸 것이다.

접착제의 물성과 접착력의 차이를 시각화하였다.

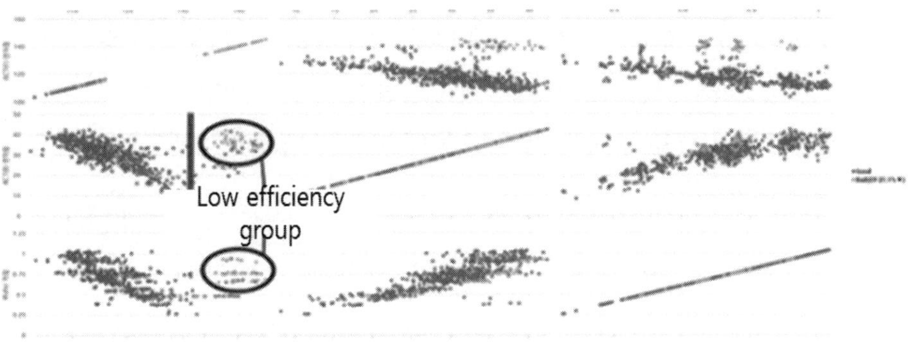

▌그림 52▐ Visualization of analysis results

6단계 모니터링단계로서 과제의 시각화 단계를 통해서 불량을 유발하는 근본원인을 판단하여 조치한 후, 변경 적용한 부분이 3개월 이상 재발이 되지 않는지 모니터링하고, 그 결과를 입력 데이터로 추가 한다. 〈그림 53〉과 같이 시기 별로 데이터를 함께 볼 수 있게 하여 이상점이 생기면 바로 조치를 취할 수 있다. Cooling plate의 평탄도 데이터를 측정한 값이 모니터에 나타나고, 변동 폭이 커지는 현상을 실시간으로 감지한다.

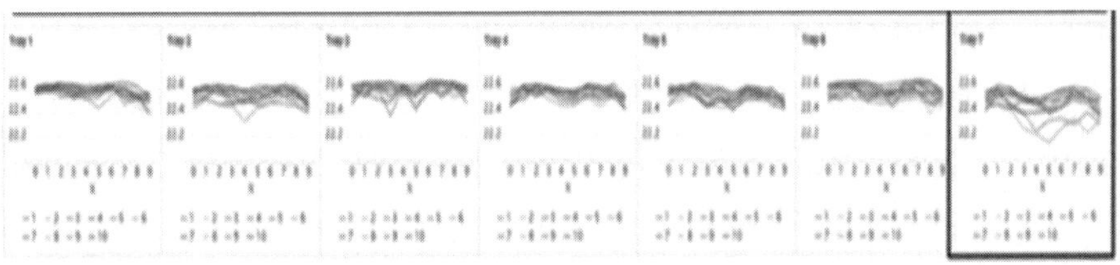

▌그림 53▐ Monitoring the results of the analysis

L기업은 6시그마 MBB대상으로 빅 데이터 분석에 필요한 기본적인 교육 후에 6시그마에 빅 데이터를 접목한 과제를 진행하였다. 사외전문가로 자문교수 1인을 두고, 월 1회 오프라인으로 정기적인 과제 컨설팅을 받고, 빅 데이터 과제를 진행하는 리더들과 활동을 추진하는 추진자들로 구성된 연구회도 조직하여 학습하였다.

SW개발 품질 Risk 예측 모형 개발

SW분야의 Hidden Risk를 줄이기 위해 Deep Leaning기반의 예측 모델을 개발하고, 시각화(Visualization)을 통하여 SW개발 품질 향상에 기여하고자 시작한 과제이다. SW분야의 선임 MBB가 과제 리더를 맡고, MBB후보생들과 개발자들로 한 팀을 이뤄 과제를 추진하였다.

6시그마 과제의 5단계로 과제를 추진하였고, 약 6개월이 소요되었다. 첫 번째 단계인 Define 단계에서는 과제의 선정 배경과 기존 Data확인을 하였고, 개선하고자 하는 과제의 종속변수 'y'를 선정하였다. 두 번째 단계인 Measure단계에서는 Data의 기초분석과 측정의 타당성 검토를 진행하고, 〈그림 57〉과 같이 측정에 대한 타당도에 대한 실무적인 검토와 함께 진행 한 후 목적접합 변수가 맞는지 확인 후에 정확도를 데이터의 누락, 범주 분류 및 생성, 변환을 통해 확인하였다. 데이터의 반복성을 검토하여 측정 정밀도를 확인 후에 데이터 프레임을 결정하였다.

세 번째 단계인 Analyze단계에서는 데이터 전처리를 포함하여 딥러닝(Deep Learning) 알고리즘을 개발하고 예측 모형을 설계하였다. 네 번째 단계인 Improve 단계에서는 최종 모형을 결정하고, 시스템에 적용하였고, 다섯 번째 단계인 Control 단계에서는 모델의 결과를 확인하고 Monitoring후에 수평전개를 하였다.

예측 확률을 딥러닝으로 높혀서 시험개발자에게 제공함으로써 품질 문제의 개선에 소요되는 시간을 단축하고, 업무 손실을 감소시키는 효과를 통해 경영 성과에 기여하였다.

개발/양산/고객의 데이터를 통한 CTQ확인

6시그마의 단점 중 하나는 개선의 대상이 부적합하게 선택이 되었을 때는 개선에 어려움을 겪는다. 6시그마에 빅 데이터를 접목하여 개선의 대상이 되는 지표의 적합도를 높혔다.

L기업은 제품의 오디오 품질 관련하여 경쟁사보다 성능이 떨어진다는 평가를 받고 있었다. 오디오 품질 관련하여 개발/양산/시장 데이터를 확보하여 확인한 결과는 경쟁사 대비 관리하고 있던 지표가 떨어진 것이 없었고, 일부 지표는 경쟁사보다 우월했다. 오디오 품질이 아니라 또 다른 요소가 고객으로부터 오디오 품질이 떨어진다고 판단하게 한 것을 확인하여 개선에 성공하였다. 빅 데이터 분석을 통하여 오디오의 실질적인 CTQ(Critical To Quality)를 확인하였다.

16년 1월부터 17년 8월의 모든 데이터를 수집하여 Training Data로 모델링을 하였고, 17년 9월 이후 18년 4월까지의 데이터를 수집하여 Validation Data로 검증에 활용하였다.

6시그마의 5단계인 Define, Measure, Analyze, Improve, Control 단계로 과제를 진행하였지만, 전통적인 6시그마의 절차대로는 진행하지 않았다. 1단계인 Define 단계에서는 과제의 목적과 목표를 명확화하고, 사용할 Data의 영역과 범위를 파악하는데 중점을 두어 진행하였다. 2단계인 Measure단계에서는 데이터를 정보화하는 데이터 전처리 활동을 하였다. 3단계인 Analyze단계에서는 가설을 수립하여 예측모델링을 작성하고 4단계 Improve단계에서 예측 모델링으로 검증시험을 시행하여 가설을 검증하고 개선안을 도출하였다. 5단계 Control단계에서는 개선의 효과를 확인하였다.

고객사용 패턴 분석을 통한 문제 명확화

고객이 요구하는 품질 수준으로 개선을 하는 것이 품질 개선이고, 6시그마의 중요한 철학이다. 빅 데이터의 워드크라우딩(Word Clouding) 분석을 통해 고객의 요구품질을 파악하여 경영성과에 성공한 6시그마에 빅 데이터를 접목한 과제 사례이다.

L기업은 제품의 판매가 경쟁사 대비 10%에도 못 미치는 제품군에 대해 고객들의

제품 사용패턴과 고객들이 불만을 접수한 데이터를 검토하여 문제를 명확화 하였다.

17년 1월부터 18년 3월의 시장불량 데이터 181,981건을 워드크라우딩 분석을 실시하여 〈그림 54〉와 같은 결과를 얻었다.

❙그림 54❙ Word crowding analysis result

L기업에서는 '멈춤', '안됨'에 대한 대책 마련에 집중하여 개선을 진행하고 있었는데, 고객의 불만 중 '느림'에 대한 불만도 상당수가 있다는 것을 확인하였다. L기업은 느림과 관련한 품질지표를 관리하는 것이 없었는데, 지표를 신설하고 중요 관리 특성으로 지정하여 개선활동을 진행하였다.

이 과제는 6시그마의 전통적인 단계인 Define, Measure, Analyze, Improve, Control로 명시하여 진행하지 않고, 1단계 분석 대상 정의에서는 필드불량 데이터를 수집하고 분석하고 개선의 대상을 선정하였고, 2단계 데이터 전처리 단계에서는 필요한 데이터를 수집하고, 데이터 구조를 파악 후 전처리를 진행하였고, 3단계 데이터 마이닝 단계에서는 데이터의 군집화 및 패턴분석을 실시하였고, 4단계 모형 결정단계에서는 가설을 설정하고, 모델링을 결정하였다. 5단계를 모형 수정 단계로하여 모델링을 검증하고 수정하였다.

3.5 해석데이터의 예측력 향상을 통한 개발품질 개선

제1부 제3장에서 언급하였던 마세라티의 가상물리시스템 CPS(Cyber Physical System)의 초기 단계의 과제로서 실제 충돌 시험 전 개발 초기 단계에 충돌 해석 결과를 실제 제품 개발에 반영하여 개발 완성도를 높이는데, 과거의 충돌결과와 충돌 해석결과 데이터의 정합성을 머신러닝 기법을 활용하여 충돌해석데이터의 예측력을 향상 시켜 개발 초기에 Feedback을 주어 개발 초기 단계에 설계 완성도를 높힌 사례이다.

〈그림 55〉와 같이 Training 데이터 159개 결과에서 70%에 해당되는 111개 결과를 무작위로 추출하여 모형을 만들고, 실제 실험결과와 예측 결과를 비교하여 Error평균을 0.4% (표준편차 4.2%)을 달성하였다. Test데이터는 Training 데이터 111개를 제외한 48개 데이터로 모형을 검증하는데 활용하였고 Error평균 2.2% (표준편차 10.1%)을 달성하였다. 모형의 정확도는 머신러닝의 최적화를 통해 개선이 가능했고, 해석 결과에서는 정확도가 80%가 되어도 개발 초기 Risk Filtering과 방향 선정에 사용이 가능하여 6시그마에 빅 데이터를 접목하여 더 나은 성과를 내었다.

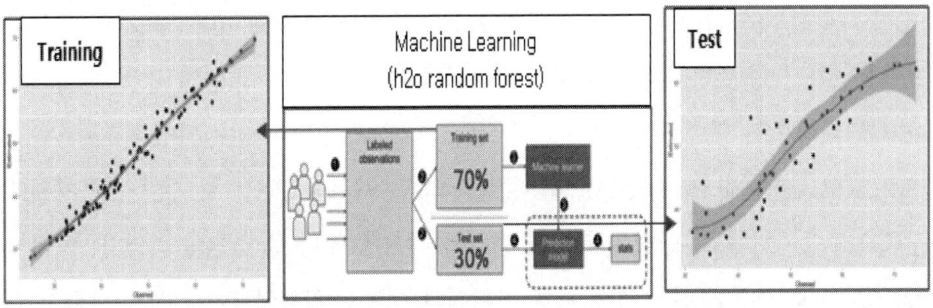

❙그림 55❙ Machine learning – h2o random forest

이 과제는 6시그마의 5단계 중 DIDOV. Define, Identify, Design, Optimize, Verify로 실행하였다.

1단계인 Define 단계에서는 문제점을 파악하였고, 해석적확도에 대한 정의와 개선

점 파악을 통해 우선순위를 정하였고, 데이터를 수집하고 정리하였다. 2단계인 Identify단계에서는 시험방법 및 시스템을 정의하였고, 시험결과 추출에 필요한 시험법의 검토를 통해 정의를 하였다.

시험결과의 데이터베이스와 분석결과의 자동화 시스템의 기능을 정의하였다. 3단계인 Design단계에서는 필요한 추가 시험을 시험부서에 의뢰하여 시험을 실시하였고, 데이터베이스 구조를 자동 분석하는 알고리즘과 시스템 GUI(Graphical User Interface)를 설계하였다. 4단계인 Optimize단계에서는 시스템 최적화 및 머신러닝 분석을 실시하였다.

Test Data로 시스템을 작동시켜, 시험결과와 변수간의 상관관계 분석을 통해 보완점을 파악하여 수정하였다.

5단계 Verify단계에서는 시스템의 분석결과를 검증하였다. 새로운 결과로 시스템의 적확도를 확인하고 검증하였고, 다른 모델에 수평전개 하였다. 과제 수행에는 약 10개월이 소요되었다.

L기업의 빅데이터MBB 육성 결과를 인재육성 측면과 빅데이터MBB과제 결과를 통한 성과창출 측면으로 살펴보았다.

L기업에서는 6시그마 MBB를 대상으로 선발하여 2017년에 빅데이터MBB를 육성하였다. 4차 산업혁명 시대에 필요한 빅데이터분석 전문가를 현업전문가인 6시그마 MBB를 대상으로 빅데이터MBB로 새로운 방향을 설정하여 육성하였다.

MBB후보 선발에서도 SW(Software)분야의 인재들의 MBB후보 자발적인 지원도 큰 폭으로 증가하였고, 담당 임원들도 관심을 갖고 MBB후보 추천을 하였다. 빅데이터MBB후보로 추천을 받은 것에 대해 자부심과 새로운 영역의 전문지식을 갖출 기회에 대한 기대감이 컸다.

기업은 변화된 빅데이터 시대에 빅데이터 분석 전문가를 조기에 육성할 수 있는 방안을 얻어서 인재육성 측면에서 긍정적인 효과를 얻었고, 개인들은 전문지식을 습득할 수 있는 기회를 얻음과 동시에 경영성과에 기여할 수 있는 기회를 얻게 되어 적극적으로 활동하였다.

빅데이터MBB를 사내전문가로 인정하고, 인재 풀(Pool)에 등록하여 관리하고, MBB를 대상으로 지급했던 활동급과도 연계하여 활발히 활동하는 빅데이터MBB들에게 인센티브도 지급하였다.

CEO나 본부장이 빅데이터MBB를 직접 인증하고, 인증식을 통해 격려해 주는 방법이 효과적이었다. 6시그마 활동은 최고경영자의 관심과 지속적인 지원이 성공과 실패를 가늠하는 가늠자이다.

L기업에서는 빅데이터MBB육성 대상에 선정된 6시그마 MBB들이 17개의 빅데이터MBB과제를 수행하였고, 그 중 5개 과제에 대해 핵심성과 위주로 사례를 연구하였다. 수행한 모든 과제는 각각 유의미한 성과를 나타내었고, 회사의 중요한 의사결정에 기여를 하였다. 본 논문에서는 공개하지 않았지만, 오디오 성능에 관한 빅데이터 분석 과제의 결과를 통해 2019년 신제품에 적용하는 성과도 있었다.

〈빅데이터MBB 과제에는 크게 빅데이터 분석 기법을 활용한 과제와 빅데이터에서 숨겨진 패턴을 발견하는 과제, 연구개발분야에 빅데이터 개념과 방법을 적용하는 방향 등 3가지의 범주로 활동이 이루어졌고, 10가지의 작은 범주로 빅데이터MBB과제가 구분이 되었다. 빅데이터 세트를 통한 숨겨진 이슈를 노출하고, 차원축소를 통한 단일 지표화 활동, 빅데이터 세트를 통한 숨겨진 치명인자를 분석하고 머신러닝을 활용한 최적화 모델링 활동과 자율관리 활동이 빅데이터 분석 기법을 활용한 범주에 속한 활동으로 구분하였다.

빅데이터 세트에서 숨겨진 패턴을 발견하는 범주에는 품질개선 과제와 낭비를 줄이는 과제 위험요소를 예측하는 과제로 활동으로 구분하였다.

연구개발 분야에 빅데이터 개념과 방법을 적용한 범주에는 해석데이터를 예측하고 제품의 최적화 설계를 하여 달성 가능한 목표를 예측하는 과제를 수행하였고, 새로운 성능을 개발한 과제활동으로 구분하였다.

다양한 직군에서 빅데이터MBB교육을 받은 후에 빅데이터 분석 기법을 활용한 많은 과제활동이 이루어졌고, 성과도 있었다. MBB이거나 MBB후보 같은 우수한 인재들을 활용하게 되면 보다 빠르게 빅데이터 분석 전문가를 육성하여 경영 성과에 기여할 수 있다는 가설이 입증되었다고 할 수 있다.

L기업에서는 6시그마 MBB를 대상으로 빅데이터MBB 교육을 통해 제도를 만든지 1년 이내에 빅데이터MBB 육성을 하는 데 성공하였고, 많은 빅데이터 분석 과제들이 경영성과에 기여할 수 있도록 토대를 만들었다.

빅데이터MBB를 육성하고 관리하는 6시그마팀 빅데이터MBB의 역량, 역할, 책임, 평가에 대한 정의를 하였고, 빅데이터MBB의 교육과정을 개발하였다.

빅데이터MBB의 필요성과 역할에 대한 정의를 하였고, 빅데이터MBB에게 필요한 요구역량을 제시하였다. 빅데이터MBB의 육성방향과 절차에 대해 제시하였고, 빅데이터MBB과제의 성공사례를 통해 4차 산업혁명시대의 현장에서 6시그마의 역할에 대해 재조명했다는 것에서 의의를 갖는다.

6시그마와 6시그마MBB 그리고 통계적인 분석 역량을 갖춘 기업 내 인재들에게 빅데이터MBB는 인재육성 측면에서와 경영성과 측면에서 상당한 기여를 하였다.

외부전문가를 영입하여 성과를 내는 것보다 내부전문가에게 교육 훈련을 시켜 원하는 역할을 수행할 수 있도록 하는 것이 비용측면에서도 효과적이고, 성과를 창출하는 기간도 단축시킬 수 있었다.

빅데이터 분석 영역에서도 사내에서 전문가로 인정해 주는 것을 제도화하는 것도 크게 활성화하는데 기여를 하였다. L기업의 성과는 현재진행형이라는 데서 더 큰 의의가 있고, 지속적으로 유지 관리하고 발전시켜 나간다면 기업의 새로운 패러다임(Paradigm)을 제시할 수 있는 시도라고 본다.

제4부 4차 산업혁명 시대의 경영혁신

4차 산업혁명시대로 일컫는 현시점에서 구시대적 발상과 유물처럼 여겨지는 6시그마 활동에 대하여 변화하는 시대의 흐름에 맞게 새로운 문제해결방법론인 샤이니 시그마를 개발하여 현장의 소수의 스몰데이터(Small Data)의 분석 방법을 제안하였고, L기업에 성공적으로 정착되고 활성화하여 기업 현장에서 활용도가 높은 방법론임을 강조하였다.

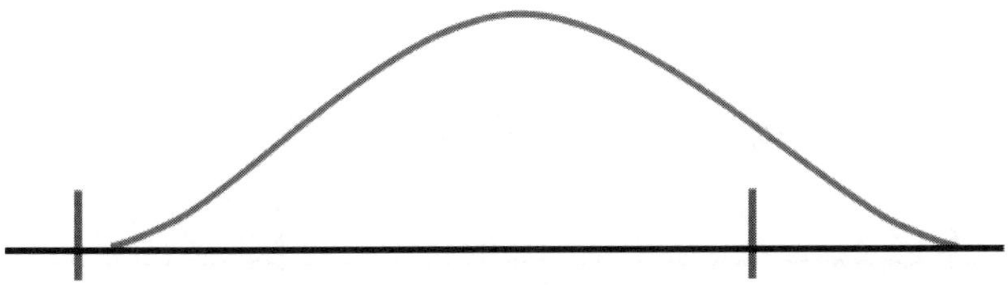

▌그림 56▐ 불량이 포함된 정규분포

소위 4차 산업혁명시대의 현장은 스마트팩토리가 구현된 현장일 것이고, 그런 현장에서는 모든 공정의 품질 변동을 센서(Sensor)로 측정하여 IoT기술을 이용 즉시 데이터가 서버에 축적되고, 분석되고, 시각화 되어 실시간으로 공정의 미세한 변동을 감지할 수 있도록 도와줄 수 있다. 그런데 우리가 간과하는 것이 있다. 마치 전수검사 혹은 전수측정을 한다고 해서 불량이 사라질 것이라는 착각이다.

전수검사를 실행하기 때문에 품질 개선활동을 더 이상 안 해도 된다는 이상한 주장을 하는 사람도 간혹 나온다. 이러한 발상이야 말로 매우 위험하다. 전수측정을 하고 있기 때문에 더 이상 품질검사를 안 해도 된다는 그 생각이 위험(Risk)을 더 키운다.

4차 산업혁명이 가져 올 이점을 모두 부정하는 것이 아니다.

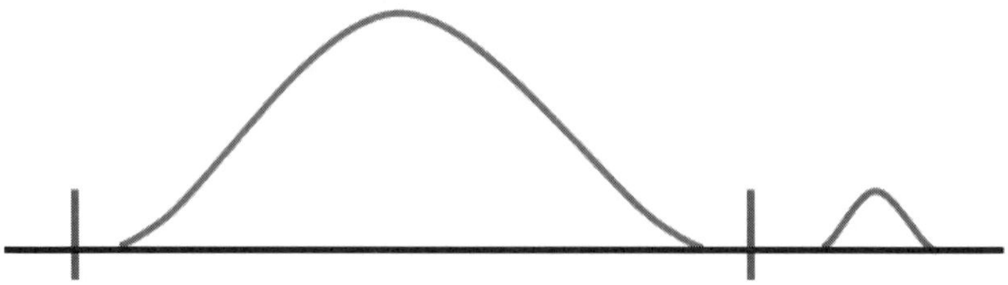

| 그림 57 | **층별된 정규분포**

〈그림 57〉과 같이 스펙(Spec)을 벗어난 정규분포(Normal Distribution)를 띄었던 품질특성은 이상점(Abnormal Point)을 포함한 데이터일 가능성이 크다. 이상점은 곧 스펙을 벗어난 불량을 의미한다. 4차 산업혁명은 스펙 안에 있는 양품의 데이터에 영향을 미칠 것이다.

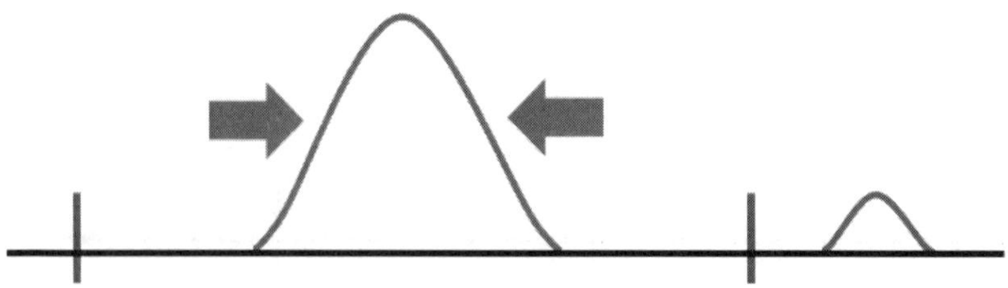

| 그림 58 | **층별된 정규분포의 산포축소**

〈그림 58〉과 같이 산포(Variation)가 줄어들면 품질의 6시그마 수준은 증가하기 마련이다. 그런데 이상점이 존재한다면 그렇지가 않다. 샤이니 시그마는 이 점에서 착안했다. 4차 산업혁명시대가 와도 불량은 존재한다. 그러나 그 불량은 더 적을 것이다. 실제로 최근에는 공정의 불량률이 현저히 떨어진 높은 수준의 공정도 많이 있다. 하루에 만개를 생산하는 제품에 불량이 하루에 몇 개 혹은 일주일에 몇 개가 발생하는 공정도 많이 있다.

적은 수의 표본(Sample)을 가지고 근본원인(Root Cause)을 찾아 해결의 실마리

(Clue)를 찾을 수 있다면, 현장에 큰 도움을 줄 수 있다. 복잡하고 어려운 통계나 통계 프로그램을 다룰 줄 몰라도 간단한 개념과 쉽게 따라 실행할 수 있는 방법으로 문제해결 할 수 있는 방법론. 지금 이 시대에 꼭 맞는 방법론이다.

다른 하나의 관점은 우리는 양품과 불량품을 모두 생산하고 있다는 사실이다. 불량품만을 생산하지 않는다. 만약 불량품만 생산한다면 정말 문제가 심각한 것이다. 불량품만을 생산하고 있지 않은데, 늘 불량품의 원인을 분석 할 때 불량품만을 가지고 한다. 이 점이 잘못되었다. 양품과 불량품을 서로 비교하면 반드시 차이가 있다. 그 차이가 가장 큰 것이 바로 Big X다. Big X가 근본 원인이다.

원인이 없는 결과는 없다. Big X가 없는 문제도 없다. Big X는 언제나 하나다. 복잡성이 많다는 이유로 문제를 복잡하게 바라보면 문제해결에 도움이 되지 않는다. 단순하게 생각하고 문제의 결과를 관찰하면서 샤이니 시그마기법으로 Big X를 찾아가면 쉽게 문제 해결의 실마리를 찾을 수 있다.

샤이니 시그마는 매우 간단하다. 너무 쉬운 방법론이다. 완전히 새로운 방법론도 아니다. 어디선가 본 듯 하고, 생각해 본 적 있는 방법일 수 있다. 왜 쉽고, 단순하면 안 되는 것인가? 우리는 쉽고 단순한 방법으로도 문제를 해결할 수 있는데, 어렵고 복잡한 통계지식과 통계적 분석역량을 가지고 있어야 한다고 착각하고 있었던 것은 아닐까? 아니면 어렵고 복잡한 방법으로만 문제를 해결할 수 있다고 착각하고 있는 것은 아닐까? 문제는 어렵고 복잡하면 현장에서는 사용하지 않는다는 것이다. 6시그마가 외면을 당하는 이유 중 하나는 이것이다. 복잡하고 어려워서 현장에는 적합하지 않다고 생각하게 만든다.

샤이니 시그마의 큰 성과중 하나는 현장에서 선호하는 방법론이라는 것이다. 샤이니 시그마 교육은 짧게는 하루 8시간, 길게는 이틀 16시간 실시하였는데, 교육만족도가 최고 수준인 90%를 모든 교육 차수에서 넘었다. 교육하는 강사가 달라도 콘텐츠(Contents)가 샤이니 시그마면 교육만족도가 높았고, 현업적용도도 높았다. 짧은 교육으로도 샤이니 시그마기법이 도움이 될 것 같다는 소감이 많았다. 교육을 받은 수강생들이 하나의 차수에 약 20~30명이다. 20~30명의 데이터는 작아서 신뢰할 수 없는 것인가? 아니다. 교육을 들은 전부(All)의 데이터이다. 교육만족도를 나타내는 NPS(Net Promote Score)지표를 표본(Sample)이 작아 신뢰할 수 없다고 주장하는 사람은 객관적인 지표를 가지고 주관적인 판단을 하는 사람이다.

L기업에서는 샤이니 시그마기법을 6시그마 GB를 인증하는 과제로 2017년부터 인정하고 있다. 방법론은 많이 다르지만 성과측면과 활성화측면에서 도움이 되었다는 방증이다.

현장에 적합하다고 초기에 주장한 것은 샤이니 시그마가 기업에 잘 정착하기 위해 포지셔닝(Positioning)을 위한 것이었다. 개발(R&D)에서도 샤이니 시그마는 유용하다. L기업에서의 과제 작성 비율은 7:3으로 R&D가 더 많았다. 현장에 보다 더 적합하다고 할 수 있었던 것은 샤이니 시그마가 Best와 Worst의 샘플로 차이를 비교하면서 문제를 탐색하기 때문이다. 하지만 Worst 샘플만으로 샤이니 시그마를 적용할 수 있다. Best 샘플은 없더라도 Best 샘플의 수준은 알기 때문이다. Best와 Worst가 있는 현장에서는 Best와 Worst를 비교하면서 Big X를 찾아갈 수 있고, Best와 Worst의 구분이 모호한 개발단계의 R&D부문에서는 Worst 샘플 밖에 없기 때문에 시도해 볼 수 있었다는 점이고, 문제 해결하는 데 큰 걸림돌은 되지 않았다. 2018년도 상반기에는 이러한 R&D과제가 3건이 완료되었고, 3건 모두 문제의 실마리를 찾았고, 근본원인을 개선하여 재발되는지 체크 중에 있다.

샤이니 시그마는 과제를 진행하고 리포트(Report)를 정리하는 사람이 바뀌어도 샤이니 시그마의 개념만 충분히 숙지하고 있다면 바로 이어서 과제를 수행할 수 있다는 장점도 있다. 프로젝트 트리(Project Tree)로 리포트를 작성하기 때문이다. 복잡하게만 보였던 사항들을 과감히 배재하는 데서 과제가 조금씩 진척되어 가고 있다는 점과 문제를 해결할 수 있다는 마음을 갖게 한다.

샤이니 시그마의 중대성과는 6단계의 절차를 제시하고 각 단계별 사용하는 방법론을 개발하여 제시했다는 점이다. 모두 6단계로 절차를 제시하였고, 각 단계의 영문 앞 글자를 따서 'SNOOPY'로 명명한다. 1단계인 Select Problem은 보다 적극적인 태도로 해결할 문제를 선택하자는 의미이다. 2단계 Need Good & Bad는 해결에 필요한 Good & Bad의 샘플이나 데이터가 필요하다는 의미이다. Best나 Worst가 아니어도 상관이 없다는 의미도 포함한다. 3단계 Observe Big X는 Big X를 탐색하는 단계로서 Big X 후보를 관찰을 통해 찾는다는 의미이다. 4단계 Obtain Big X는 3단계에서 찾은 Big X 후보를 검증하여 Big X를 얻었다는 의미이다. 5단계 Product application은 Big X를 고쳐서 바로 제품에 적용하여 다시 한 번 검토하는 단계라는 의미이다. 6단계 Yield check는 제품에 적용하여 생산하는 Big X가 다시 재발되는지 수율을 확인하는 단계라는 의미이다.

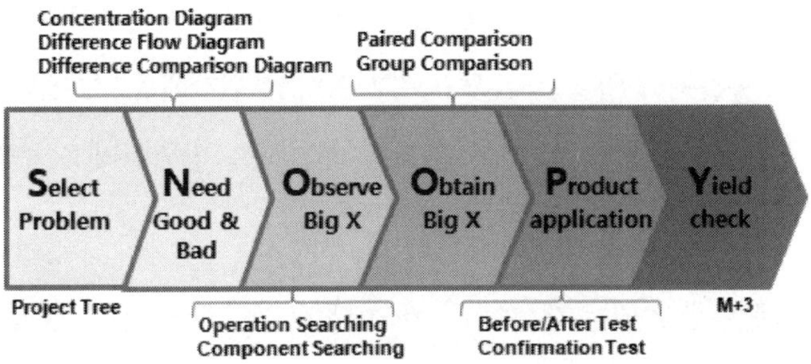

▌그림 59▐ **샤이니 시그마 절차**

샤이니 시그마로 수행한 과제는 수행에 소요된 기간이 2주가 넘은 경우가 없다. 간단한 기법만으로 전문가들이 참여하기 때문에 대게는 1주일 내에 Big X를 찾았고, 리포트를 정리하고 보고하는 데에 시간이 걸렸지 실제 문제를 해결하는 기간은 짧았다. 전문가들의 경험과 지식과 통찰력을 발휘할 수 있도록 활용하는 게 샤이니 시그마의 장점이다.

샤이니 시그마로 해결한 몇 가지 문제는 기존의 6시그마 기법으로 과제를 진행했다면, 문제를 풀 수 있었을까? 하는 것이 있다. L기업에서는 가성불량이라는 불량이 있다. 이는 처음에는 불량으로 분류되었다가 다시 측정을 하면 불량이 재현되지 않는 현상을 가진 불량이다. 처음에는 단순하게 측정을 잘못한 것이다 라고 판단을 했다. 불량으로 분류된 것이 불량이 아니라고 한다면 처음부터 잘못 측정한 것이라고 본 것이다.

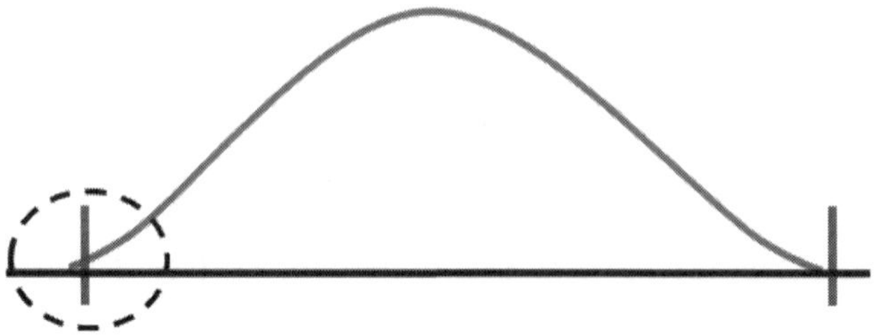

▌그림 60▐ Normal distribution with false defect

두 번째는 측정을 잘못하지 않았다면, 불량과 양품을 결정짓는 품질특성 중 하나가 〈그림 60〉과 같은 분포를 띄고 있고, 해당 제품은 경계에 자리하고 있어서 상황과 환경에 따라서 불량이나 양품으로 분류되고 있다고 생각했다. 그래서 〈그림 60〉과 같은 특성을 보이는 X를 찾는 것이 문제를 해결하는 방법이라고 주장했었다.

그런데 문제의 해결은 다른 곳에서 찾았다. 샤이니 시그마의 공정탐색(Operation Search)을 통해 문제가 되는 제품이 두 개의 생산 라인(Line)에서 생산 되는데, 가성불량은 최근에 추가로 증설한 라인에서만 나온다는 사실을 발견하였다. 추가 증설한 라인에서는 생산량을 늘리기 위해 제품을 하나씩 생산하던 것을 지그판(Jig plate)에 올려 3대씩 생산을 하고 있었다. 지그판은 모두 187개를 사용하고 있었는데, 그 중 7개의 지그판에 있는 제품들만 가성불량으로 나온 것을 확인할 수 있었고, 가성불량을 유발한 지그판을 전량 폐기하였다. 제품이 불량이 아니라 지그판이 불량이었다. L기업의 생산부서에서 골머리를 앓고 있던 가성불량이라는 문제를 너무 쉽게 해결해 버릴 수 있었다.

양품과 불량품을 생산하고 있는 공정이라면 양품만 생산할 수 있다.

샤이니 시그마가 소수(Small)데이터 분석 기법으로 소위 4차 산업혁명 빅데이터시대에 역행하는 제안일 수 있겠다는 생각도 하지만, 실제 L기업에 적용하고 활용하고 있는 실증연구가 이미 기업에서 이루어지고 있는 방법론이라는 점에서 가치고 있다고 본다. 이미 전국의 L기업의 다른 현장에도 전파되었고, 각 공장별로 샤이니 시그마를 강의할 수 있는 강사도 육성되었다. 또한 해외법인 현지 채용된 리더들이 국내에 들어와 샤이니 시그마 강사 교육을 받았다. 그리고 최근에도 신설된 미국 테네시 법인에서도 샤이니 시그마강의 요청이 들어왔다. 기업 현장에서 활용되고 있고, 찾고 있는 이 방법론이 가치가 없다고 말할 수 있는가? 6시그마도 생존을 위해서는 확장이 필요하다.

6시그마에서 린 6시그마로 확장하였듯이 이제는 샤이니 시그마로 또 한 번의 확장이 필요한 때이다. 통계적인 방법이든 DMAIC든 샤이니 시그마든 문제해결만 되면 되는 게 아닐까? 기업의 경영실적에 도움이 되는 방법을 단순하고 쉽다는 이유로 배제한다면 오만(Hubris)한 것이 아닐까? 해보고 판단해 보시기를 바란다. 그리고 모르면서 반대할 게 아니라, 배워보고 해보시길 바란다. 이 책을 정독해 보시고, 반복해서 읽어본다면 충분히 따라할 수 있다고 본다. 그 만큼 자세히 기술하였다.

일부에서는 이 방법론을 특허(Patent)를 출원할 생각이 없느냐는 의견도 있었다. 이 방법이 특허를 출원할 정도로 특별하지도 않고, 사용을 제한하고 싶지도 않았다. 오히려 전파하고 많은 기업들이 사용해서 기업의 성과에 기여하면 좋겠다는 생각을 했다. 그러한 이유로 2017년도 봄에 샤이니 시그마를 품질경영학회지에 처음 논문으로 발표를 했다. 학회의 포상심의회에서 논문에 우수발표논문상(Best Presentation Award)을 수여했다. 학계에서도 의미 있고, 가치가 있는 아이디어이고 방법론이라는 것을 인정을 받았다. 무엇보다 같은 해에 국제학술대회인 한중품질심포지움에도 초청되어 논문발표를 하였다.

단순하다고 잘못된 것이 아니라, 오히려 단순하지 않다면 잘못된 것이다.

샤이니 시그마가 국내에는 물론 해외에 까지 전파되어 산업계의 발전에 조금이나마 도움이 된다면 큰 보람이겠다.

6시그마의 최고전문가는 마스터블랙벨트(Master Black Belt)라고 불려지는 MBB이다. 그러나 4차 산업혁명시대가 도래되는 이즈음 수많은 대기업에서 더 이상 6시그마를 사용하지 않는다고 하고, 전 세계적으로 6시그마를 유명해지게 했던 GE마저도 6시그마를 공식적으로 사용하지 않는다고 선언을 했다. 최근에는 6시그마가 유용한 도구임을 천명하는 학자와 기업도 있지만, 그 반대로 얘기하는 기업과 학자들이 더 많은 실정이다.

6시그마와 6시그마의 최고 전문가인 MBB(Master Black Belt)에게도 새로운 지향점과 발전 방향 모색이 필요한 시기이다. 6시그마의 발전이 아니라 생존을 위해서 필요한 시기다.

빅데이터MBB제안은 6시그마와 MBB들에게 새로운 비전(Vision)을 제시해 주고자 생각한 아이디어다. 현시점에 너무 맞지 않은 기존의 6시그마 방법론들은 이미 현업활용도에서 매우 낮은 평가를 받아왔고, 수많은 기업들이 공공연하게 더 이상 6시그마는 하지 않는다고 얘기하는 것은 이 사실을 방증한다.

Beyond MBB에 대해서 논의해야 한다. MBB 이후에 우리가 지향해야 할 목표는 무엇일까? 6시그마가 나아가야 할 방향은 무엇일까? 기업에 6시그마가 가치를 제공하려면 어떤 변화를 시도해야 할까?

4차 산업혁명시대의 핵심인재는 데이터 과학자이다. 데이터 과학자의 역량과 특징들이 기업에 있는 업무전문가 6시그마 MBB와 많이 닮아있었다. MBB들은 통계분석 역량을 보유하고 있고, 해당 업무에 10~15년 이상 경험있는 전문가집단이다. 이들에게 빅데이터 분석 기법을 교육시키면 보다 빠른 시점에 기업이 필요한 데이터 분석 전문가인 데이터 과학자를 육성할 수 있지 않을까 하는 아이디어를 가지고 2017년 시범적으로 Pilot과제를 수행하였고, 그 사례를 한국품질경영학회에 발표를 하였다. 4차 산업에 대한 얘기는 많이 있지만 4차 산업혁명에 중요한 인재와 인재 육성에 관한 연구들은 없었던 터라 많은 관심을 받게 되었고, 한국품질경영학회 학회지 홈페이지에 약 3개월간 메인에 논문이 공개되어 있었다. 그리고 얼마 후 이 논문도 추계학술대회 우수발표논문으로 선정되어 수상하였다.

L기업의 CEO께서 논문을 읽으시고, 바로 L기업에 빅데이터MBB 육성 제도가 생

졌다. 기업현장에 적용이 되어 우수한 인재들을 빅데이터MBB로 육성하고 있다. 많은 과제활동이 병렬적으로 이루어지고 있고, 빅데이터 분석 기법을 연구하고 있는 MBB와 BB들까지 모여 연구회 모임을 자발적으로 하고 있다.

6시그마는 품질경영기법이자 철학이고 문화이며 사상이다. 품질문제를 과학적으로 통계적으로 접근하고 풀어서 해결하고 경영성과에 기여하자는 게 6시그마다. 그런 이유에서 6시그마가 필요 없다든지 6시그마는 구시대적 발상이다라는 얘기를 들으면 아쉽다. 6시그마가 뭔지 잘 모르면서 하는 말이다. 품질문제가 있는데 품질문제는 개선하지 않아도 된다. 하지 말자라는 주장하고 다를 게 없다. 그런 주장을 하는 경우는 6시그마를 하나의 방법론으로 축약해서 생각해서이다. 6시그마는 정해진 틀을 가지고 문제를 해결하는 방법론이 아니다.

6시그마(6σ). 말 그대로 여섯 개의 시그마(σ)이다. 6개의 표준편차라는 말은 고유명사다. 우리가 생산하는 제품의 품질을. 내가 담당하는 업무의 질을 모두 6시그마 수준으로 높이면 최상의 최고의 품질의 제품을 만들 수 있다. 왜 그것을 하지 말자는 것인가?

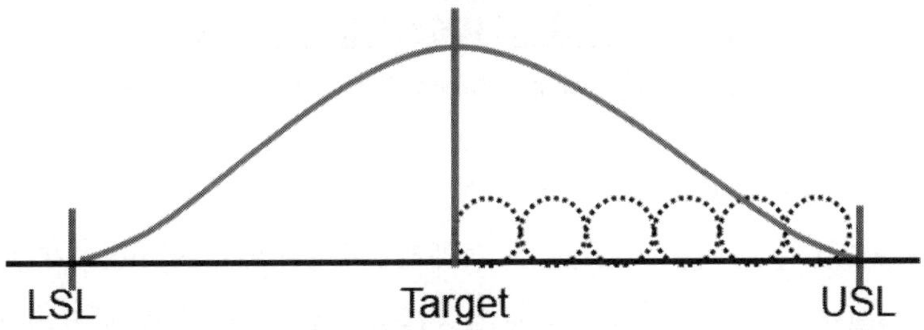

▌그림 61▌ Six Sigma (6σ) level

제품의 특성을 측정하였을 때 산포(Dispersion)가 작을수록 품질은 좋다. 이것을 〈그림 61〉과 같이 목표(Target)값을 중심으로 USL(Upper Spec Limit)이든 LSL(Lower Spec Limit) 한 방향으로 6개의 표준편차(Standard Deviation)가 들어가는 품질 수준이 6시그마이고, 이 수준을 지향하자는 게 6시그마이고, 수준을 달성할 수 있는 방법론을 제시하고, 잘 활용할 수 있도록 교육시키고, 과제를 코칭하고, 통계적인 방법으로 증명하고 과학적으로 검증하자는 게 6시그마이다. 6시그마를 하지 말자고 주장하는 기업이나 학자에게 되묻고 싶다. 그럼 무엇을 하자는 것인가?

반세기가 다 되도록 수많은 학자들이 집대성한 방법론과 기업 자체적으로 발전해 온 문화(Culture)가 있다. 왜 이런 소중한 자산과 가치를 없애자는 것인가? 계승하고 발전시켜야 한다. 파괴하지 말고, 파괴적 혁신을 통해 6시그마를 진일보 시켜야 한다. 빅데이터MBB가 4차 산업혁명시대 6시그마가 지향해야 할 방향이다. 빅데이터는 6시그마 활동을 위한 하나의 도구로 볼 수 있다.

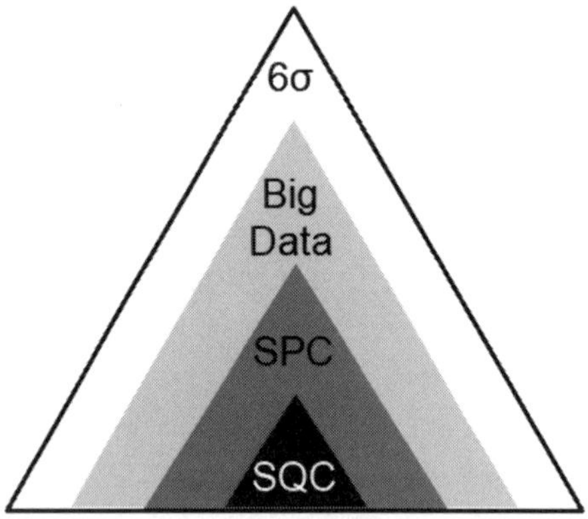

▌그림 62▐ Relationship between Six Sigma and Big data

〈그림 62〉에서 SQC(Statistical Quality Control) 통계적 품질관리에서 SPC(Statistical Process Control) 통계적 공정관리 그리고 이제는 샘플링(Sampling)해서 모집단(Population)를 추정(Estimation)할 필요가 없는 Big Data 빅데이터 시대다. 빅데이터를 분석하여 6시그마 수준의 품질을 달성할 수 있다면 해야 한다. 시대와 기업 환경이 변화면 도구는 얼마든지 진보되고 바뀔 수 있다. 그렇다고 해서 목적과 목표가 바뀌는 것은 아니다. 목표를 달성하게 하는 도구가 바뀌었다고 해서 사상과 철학과 문화가 바뀐 것도 아니다. 6시그마는 빅데이터 분석이라는 도구를 이용할 수 있게 된 것이고, 주도적으로 MBB(Master Black Belt)들이 그들의

역할을 확장시켜 나간 것이 바로 빅데이터MBB이다. 보는 관점에 따라서 다른 것이지 틀리지는 않다.

6시그마는 정형화되고 숫자로 된 데이터를 선호하였다. 연속형 데이터 그리고 단일 Y, 소수의 치명인자에 중점을 두었다. 빅데이터는 정형화된 데이터는 물론 비정형 데이터까지 분석이 가능하다. 소리나 그림도 포함된다. 연속형이나 이산형이나 상관없이 복합 Y도 분석이 가능하다. 다수의 혹은 모든 인자를 동시에 고려할 수 있다. 6시그마는 확증적분석(Confirmatory Data Analysis)으로 ANOVA(Analysis of Variance)나 회귀분석(Regression Analysis), DOE(Design of Experiment)실험계획법, RSM(Response Surface Method)반응표면분석법 등을 사용했다면 빅데이터는 추가적으로 예측적분석(Predictive Data Analysis)이 가능해졌다. 다변량, 데이터마이닝(Data mining) 딥러닝(Deep learning) 머신러닝(Machine leaning) 텍스트마이닝(Text mining)을 사용한다.

MBB는 분석역량을 가지고 있다. 다년간의 업무 경험으로 부분과 전체를 볼 수 있는 통찰(Insight)력도 있다. 그리고 경험의 영역에서만 통하는 직관(Intuition)이 있다. 데이터를 기반으로 분석하고, 통찰력을 발휘하여 직관적인 판단을 내릴 수 있는 도메인(Domain)전문가다. MBB야 말로 데이터과학자(Data Scientist)에 근접한 인재 군(Pool)이다. 본 논문의 연구결과에 따라 이미 L기업에서 성과를 내고 있음을 보고 실증이 되었다. L기업에서는 제도화를 준비하고 있고, 수 많은 MBB들과 BB들이 빅데이터MBB에 도전하고 있다. 빅데이터MBB는 장기적으로 L기업의 성장과 발전에 큰 기여를 할 것이다.

조직수준 뿐만 아니라 개인수준의 디커플링(Decoupling), 혁신행동(Innovative Behavior), 혁신저항(Innovative Resistance)이라는 제목의 이종설 박사의 박사학위논문에 따르면 조직이 혁신 방법과 도구를 활용하고자 할 때, 조직의 구성원은 자발적인 혁신행동을 보여주기도 하지만, 심리적이거나 행동적으로 저항하기도 하고, 디커플링 전략을 사용하는 것으로 나타났다(Lee. 2015).

디커플링(Decoupling)은 제도적 압력에 순응하여 받아들인 공식적 구조와 개인의 실제 행동을 분리시키는 조직의 행동을 말한다(Mayer et al, 1977). 개인들은 변화를 선택하고 받아들일 것인가 거부할 것인가에 대한 의사결정을 한다. 이에 본 연구에서는 사례연구를 통해 유용성에 대해 인지할 수 있게 하였고, 반복적인 학습과 교육훈련을 통해 용이성을 인지할 수 있게 하였다. CEO의 강조로 주관적 규범임을 조직에 공유하였고, 선행적으로 빅데이터 분석을 경험한 자문교수와 MBB(Master Black Belt)들로 지각된 행동통제를 이끌었다.

해봐야 알고, 해봐야 성과가 있다.

기초적인 학습과 실행을 통해 빅데이터MBB의 역량과 수준도 전문화되고 확대된다. 본 논문의 주장이 L기업에 적용되어 실행되고 있다는 점이 가장 큰 성과이고 의의이다. L기업의 빅데이터MBB육성은 현재 진행형이다. 끝으로 〈그림 63〉과 같은 새로운 6시그마 벨트 체계를 제안한다.

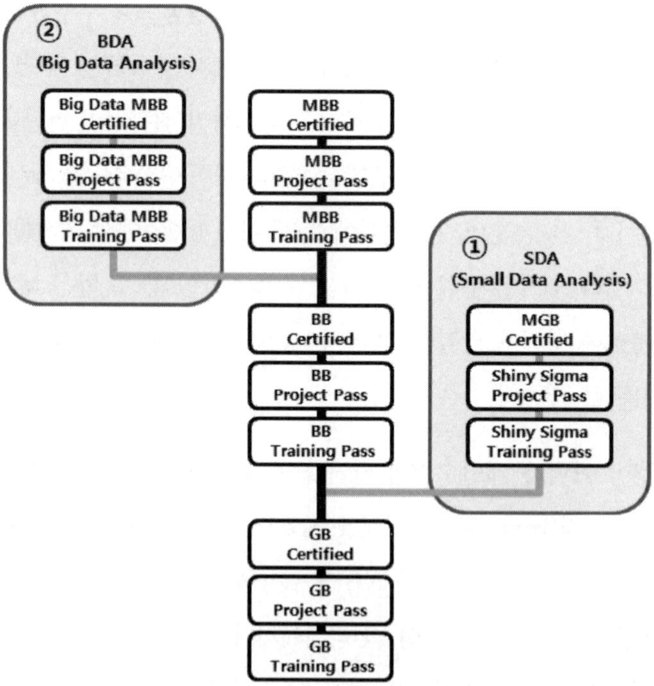

┃그림 63┃ 새로운 6시그마 벨트 체계

통계적 사고 중심의 경영혁신 기법으로서의 6시그마 성공은 최고경영자의 관심과 지원이 중요한 성공 요인이다. 샤이니 시그마 또한 최고경영자의 관심과 지원, 체계적인 교육제도와 시스템이 갖춰져야 성공할 수 있다. GM사는 DFSS(Design For Six Sigma)팀과 별도로 샤이닌 기법을 사용하는 과제 지도 및 관리와 샤이닌 기법의 인증제도 운영 등을 하는 전담팀(Red X팀)이 있다. L기업에서는 기존의 6시그마를 추진하고 있는 조직에서 샤이니 시그마도 추진을 하였으나, 문제 해결의 방향과 기법들이 서로 상충하여 자연스럽게 제조 생산 현장으로부터 시작해서 도움이 되는 영역까지 확대하는 데에 어려움을 겪었다. 별도의 전담자뿐만 아니라 별도의 조직이 필요하다.

현장의 품질 문제 해결에 도움이 된다면 어떤 방법론이라도 적용하는 것이 좋다. 현장에 적합하게 제안한 샤이니 시그마 기법이 많은 현장에서 적용되기를 희망한다.

샤이니 시그마를 적용한 사업장이 많아지면 품질문제에 샤이니 시그마를 적용한 건수와 그 효과를 실증하는 연구가 필요하며, 바이오(Bio)산업 군등 적용범위를 다양화하여 샤이니 시그마를 적용한 사례 연구도 추가적으로 계속되고 있다.

샤이니 시그마의 전문가 육성도 지속적으로 필요하다. 〈그림 67〉에서와 같이 일정한 조건을 충족하면 6시그마 전문가로 인정을 해주어야 한다.

통계는 과학이다. 과학적인 방법으로 통계적 사고를 일하는 방법으로 채택하여 조직의 성과는 물론 개인의 역량강화를 추구하는 것으로의 경영혁신이 필요한 시점이다. 6시그마는 이미 검증된 일하는 방법으로서 통계적 사고 중심으로 이루어진 경영혁신 방법론이다.

경영혁신 방법론인 6시그마를 또 혁신하여 4차산업혁명 시대에 필요한 스몰데이터 분석기법으로서의 샤이니 시그마를 활용하여 현장에 수많은 문제들을 해결할 수 있다. 또한 빅데이터분석 전문가인 데이터 과학자를 6시그마 MBB를 선발 육성하게 되면 기업은 빠른 시일 내에 필요한 데이터 과학자를 확보할 수 있을 것이다.

■ 감사의 글

부족함이 많은 제게 박사학위 논문을 완성해 나갈 수 있도록 인내심을 갖고 지도해 주신 서경대학교 이상복 교수님 스승의 은혜에 감사드립니다. 부족한 제자에게 두 차례의 학술대회 발표와 한 차례의 한중 국제학술대회에서 발표할 수 있는 기회를 주셔서 감사했습니다. 귀한 경험을 했습니다. 한국품질경영학회에서 등재한 두 편의 논문이 모두 우수발표논문상을 받은 것은 교수님의 애정 어린 지도 덕분입니다. 너무 감사드립니다. 실력과 인품이 훌륭하신 교수님께 지도를 받은 것은 큰 행운이었고, 평생의 자랑거리입니다.

첫 번째 논문 '현장에 적합한 샤이니 시그마 기법 제안'을 한중 국제학술대회에서 발표한 날. 그 논문을 심사했었다면서 참 잘 썼고, 인상적으로 읽었다고 칭찬을 아끼지 않으셨던 전북대학교 홍성훈 교수님 머리 숙여 감사드립니다.

두 번째 논문 'A Study on the Development of the Key Promoting Talent in the 4th Industrial Revolution – Utilizing Six Sigma MBB.'의 영문화 작업을 도와주시고, 첫 번째 논문 '현장에 적합한 샤이니 시그마 제안'의 내용을 국제학술대회 발표를 준비하면서 큰 도움을 주신 LG전자 김나미 파트장님 감사드립니다.

샤이니 시그마를 체계적으로 틀을 잡아갈 수 있도록 도와주신 LG화학의 김준호 부사장님 감사드립니다. LG전자 품질센터장님으로 계실 때에 이 기법이 확산되도록 도와주셔서 큰 힘이 되었습니다.

박사공부와 이 책을 만들기까지 여러 면에서 응원해주고 도움 준 사랑하는 아내 김미옥 여사에게 특별히 감사드립니다. 이 모든 성과는 그대로부터 시작되었습니다.

그리고 지금까지 늘 동행해 주시고, 지혜와 용기 주셔서 이 모든 일을 감당할 수 있었습니다. 하나님 감사합니다.

끝으로, 소천하신 LG그룹 구본무 회장님. '국가와 사회정의를 위해 자신을 희생한 의인에게 기업이 사회적 책임으로 보답한다.'라고 말씀하시고, 이후 66인에게 LG의 인상을 수여하셨습니다. 회장님의 뜻에 조금이라도 닮아가는 그런 경영인 그런 LG그룹인이 되겠습니다. 일천하지만 앞으로 제 연구인생도 국가와 사회를 위한 희생이라는 마음으로 임하겠습니다. 영면하십시오. 존경과 감사를 올려드립니다. 정말 훌륭한 사회적 기업가셨습니다.

2018년 서울 마곡동에서 김강희

▣ 참고문헌

Kim, K. H., Ree, S. B.(2017), "Suggested Shiny-Sigma method suitable for the shop floor," *Journal of the Korean Society for Quality Management,* 45(2), 227-246

Kim, K. H., Ree, S. B.(2017), "A Study on the Development of the Key Promoting Talent in the 4th Industrial Revolution - Utilizing Six Sigma MBB competency," *Journal of the Korean Society for Quality Management,* 45(4), 677-695

Kim, K. H.(2018), "A Study on problem solving methodology suitable for field and innovation specialists," 경영학박사 학위논문, 서울과학종합대학원대학교

Anand K., Bewoo., Maruti, S. Pawar(2010), "Use of Shainin Tools for Simplifying Six Sigma Implementation in QMS/ISO Certified Environment- An Indian SME Case Study," *Journal of Engineering Research and Studies,* II, 177-194.

Andrew, T., Jiju, A.(2004), "Applying Shainin's variables search methodology in aerospace applications," *Assembly Automation,* 2, 184 - 191.

Andrew, T., Richard B.(2006), "Developing an SME based six sigma strategy," *Journal of Manufacturing Technology Management,* 4, 417-434,

Andrew, T., Richard B., Chiamaka C. O.(2008), "Applying lean six sigma in a small engineering company - a model for change," *Journal of Manufacturing Technology Management,* 1, 113-129

Anuj, G., Nilesh, P.(2015), "Use of Shainin Design of Experiments to Reduce the Tripping Force o f an Air Circuit Breaker," *The International Journal Of Engineering And Science,* 11, 11-18.

Baik, J. W., and Jo J. N.(2003), "Two-Dimensional Warranty Data Modelling," *Journal of the Korean Society for Quality Management,* 31(4), 219-225.

Baik, J. W., and Jo J. N.(2006), "Nonparametric Analysis of Warranty Data on

Engine, Case Study," *Journal of the Korean Society for Quality Management,* 34(1), 40–47.

Cheon, Y. D., Kim, D. G., Lee, Y. B., Hwang, J. H., and Kim, Y. S.(2013), “A Study of Factors Influencing the Costs of Funding as a Function of Research Area and Financial Institutions(in Korean),” *Journal of the Korean Society for Quality Management,* 41(1), 163–180.

Cho, J. L.(1983), “A Study on the use of Automatic testing Data for Updating Quality Assurance Models,” *Journal of the Korean Society for Quality Management,* 11(2), 25–31.

Cho, J. L., and Whang, E. C.(1987), “A Study on Quality Policy and Warranty Cost in Multi–components Assembly Product,” *Journal of the Korean Society for Quality Management,* 15(1), 2–12.

Cho, M., and Lim, T.(2002), “The Relation between the Process Capability Index and the Assurance level Considering various Conditions,” *Journal of the Korean Society for Quality Management,* 30(2), 130–151.

Cho, N. H.(1993), “Controversial Point and Improvement Policy of the Certified system for Quality – Based on the Relation with ISO 9000 Series,” *Journal of the Korean Society for Quality Management,* 21(1), 1–10.

Cho, N. H., snd Lee, K. H.(1988), “A Study on the Quality Control Method for the Product Liability Prevention,” *Journal of the Korean Society for Quality Management,* 21(1), 1–31.

Cho, Y. R.(1980), “How to be Awarded 79 National Quality Management Award, Dong Yang Nylon Company Case,” *Journal of the Korean Society for Quality Management,* 8(2), 29–35.

Cho, Y. J.(2017), “Strategy for Korea's Smart Factory in the era of the 4th Industrial Revolution,” *Communications of the Korean Institute of Information Scientists and Engineers.* 35(6), 2017, 40–48

Choi, B. C., and Chun, Y. M.(2001), “Modified Two–Level Skip–Lot Sampling

Plan(in Korean)," *Journal of the Korean Society for Quality Management,* 29(1), 113–127.

Choi, S. Y., and Jung, H. K.(2000), "Effects of Ownership Types, Geographical Locations and Leadership Types of mediacal Service Institutions on TQM Performance," *Journal of the Korean Society for Quality Management,* 28(1), 151–174.

Chong, M., Kim, U. J., Seo, J. H., Bae, S. M.(2016), "Literature Review on the Quality Innovation in KSQM for 50 Years," *Journal of the Korean Society for Quality Management,* 44(1) 17–28.

Chun, Y. H., and Lee, K. S. (1995), "A Study on Quality Information data Base for ISO 9000 Series Certification," *Journal of the Korean Society for Quality Management,* 23(1), 64–73.

Chun, Y. H., and Baek, I. G.(1996), "Development of ISO 9000 Series Documentation System Using the Documentation Structure Analysis and Work Flow Analysis," *Journal of the Korean Society for Quality Management,* 24(4), 112–123.

Chung, K. S.(1993), "Suggestions for Quality Management Reflecting TQC in Korea," *Journal of the Korean Society for Quality Management,* 21(1), 1–31.

Chung, K. S.(1994), "Does QM lie on the Continuity of TQC?," *Journal of the Korean Society for Quality Management,* 22(3), 1–15.

Chung, K. S.(1996), "A Comparison between Japanese TQC and American TQM," *Journal of the Korean Society for Quality Management,* 24(2), 1–24.

Chung, K. S.(1998), "The Intended Strategy of TQM by Developing Stages," *Journal of the Korean Society for Quality Management,* 26(4), 1–28.

Chung, K. S., and Kim, H. W.(1999), "TQM's Position as the Source of the Competitiveness, In View of International Competitiveness of Japanese Corporations," *Journal of the Korean Society for Quality Management,*

27(4), 67-94.

Chung, K. S.(2000), "TQM as a Innovation Tool," *Journal of the Korean Society for Quality Management,* 28(4), 132-150.

Chung, K. S.(2004)., "In Search of Korean TQM through the Comparison between American and Japanese TQM," *Journal of the Korean Society for Quality Management,* 32(3), 1-9.

Chung, K. S., and Kang, Y. T.(2007), "Continuous Improvement, Innovation, and Learning in MBNQA," *Journal of the Korean Society for Quality Management,* 35(1), 73-80.

Chung, K. S.(2009), "Analyis on Financial Performance of Improvement Activities," *Journal of the Korean Society for Quality Management,* 37(3), 1-9.

Chung, K. S., and Yoon, S. W.(2012). "Development of KPI by SIPOC Model," *Journal of the Korean Society for Quality Management,* 40(3), 394-405.

Chung, N., Choi, J. G., Kim, Y. S., and Park, S. K.(2000), "an Implementation of Configuration management in ISO 9000 Quality system," *Journal of the Korean Society for Quality Management,* 28(2), 176-191.

Chung, Y. B., and Hwang, E. C.(1987), "Rectifying Inspection Plan for KSA 3102 with Gamma-Prior Distribution(in Korean)," Journal of the Korean Society for Quality Control 15(2), 55-60.

Han, S. H., Chung, K. S., and Hong, S. P.(2014), "Effect of Quality Management on the Performance, Focusing Manufacturing Companies Awarding National Quality Award," *Journal of the Korean Society for Quality Management,* 42(4), 729-746.

Hermann, M., Pentek, T., Otto, B.(2016), "Design principles for industrie 4.0 scenarios In System Sciences (HICSS)," *Hawaii International Conference* 3928-3937.

Hong, S. H., Lee, S. H.(1995), "ISO 3951, Sampling Procedures and Charts for

Inspection by Variables for Percent Nonconforming," *Journal of the Korean Society for Quality Management,* 23(1), 1–14.

Hong, S. H., Lee, S. H.(1996), "ISO 2859–1 (1989), Sampling Plans Indexed by Acceptable Quality Level for Lot–by–Lot Inspection," *Journal of the Korean Society for Quality Management,* 24(3), 77–93.

Hong, S. H., Choi, I. J., Lee, Y. D., Lee, M. K., and Kwon, H. M.(2007), "Design of Rectifying Screening Inspection under a Bivariate Normal Distribution(in Korean)," *Journal of the Korean Society for Quality Management,* 35(4), 147–158.

Hong, S. K., and Riew, M. C.(1998), "Analysis of the Effect of ISO 9000 Certification Based on Crosby's Quality Management Grid," *Journal of the Korean Society for Quality Management,* 26(2), 1–16.

Hwang, E. C.(1976), "Technology Innovation and Role of Quality Management," *Journal of the Korean Society for Quality Management,* 4(1), 3–4.

Hwang, E. C.(1982), "Quality Assurance," *Journal of the Korean Society for Quality Management,* 10(1), 27–41.

Jan, Kosina(2015), "Shainin Methodology, An Alternative or an Effective Complement to Six Sigma?," *Quality Innovation Prosperity* 19, 18–31.

Jang, T. H.(1976), "A Review on the Institution for Quality Assurance of Products Ordered," *Journal of the Korean Society for Quality Management,* 4(1), 10–12.

Jeroen de Mast(2004), "A methodological comparison of three strategies for quality improvement," *International Journal of Quality &Reliability Management,* 21, 198–21.

Jin, S., Lee, C., and Lee, D.(2011), "The Effect of Quality Management and Absorptive Capacity on the Competitiveness of Small and Medium Venture Manufacturing Company in Electric and Electronic Industry," *Journal of the Korean Society for Quality Management,* 39(2), 292–304.

Jung, E. K., Kwon, H. M., Lee, M. K., Kim, D. C., and Hong, S. H.(2013), "Automotive Functional Safety–ISO 26262 and Its Countermeasures," *Journal of the Korean Society for Quality Management,* 41(2), 185–196.

Jung, I., and Lee, S. H.(1991), "Empirical Bayes Estimation of Binomial Parameter with an Application to the Acceptance Sampling Problem," *Journal of the Korean Society for Quality Management,* 19(2), 86–95.

Jung, M., Oh, J. B.(2017), "Firm Perceptions and Implications for the Fourth Industrial Revolution – Approximately 70% of domestic companies are unable to respond," *VIP Report,* 691(0), 1–15

Jung, S. H.(2012), "Economic Evaluation of Early Detection System for Warranty Issues," *Journal of the Korean Society for Quality Management,* 40(1), 39–48.

Linderman, K., Schroeder, R. G., Zaheer, S., Choo, A. S.(2003), "Six Sigma, a goal–theoretic perspective," *Journal of operations management,* 21, 193–203.

Kang, B, S., and Kim, G, S.(1999), "A Study on the Development of quality Management System Model and its Application in the Public Service Sector," *Journal of the Korean Society for Quality Management,* 27(3), 17–39.

Kim, C. S., and Murthy, D. N. O.(2000), "Warranty Cost models for a Product with a Two–Dimensional Warranty Policy," *Journal of the Korean Society for Quality Management,* 28(1), 57–77.

Kim, C. M., Ahn, J. J., and Kim, B. S.(2013), "Design of Probabilistic Model for Optimum Manpower Planning in R&D Department(in Korean)," *Journal of the Korean Society for Quality Management,* 41(1), 149–162.

Kim, D. H., Ko, S. B., and Jang, Y. J.(2002), "A Study on the TQM and 6 Sigma Management," *Journal of the Korean Society for Quality Management,* 30(3), 120–138.

Kim, D. J., and Ahn, E. W.(1990), "Investment Effect Analysis of Industrial Firms with a Measurement Standard Laboratory(in Korean)," *Journal of the Korean Society for Quality Control* 18(1), 84–95.

Kim, K. S.(2000), "A Study on Quality Management Performance of the Strategic Supply chain Management between Parts Enterprise and the Manufacturing Industry," *Journal of the Korean Society for Quality Management,* 28(4), 204–222.

Kim, H.(2003), "A Study on TQM of Health Care Sector," *Journal of the Korean Society for Quality Management,* 31(2), 82–97.

Kim, H.(2004), "A Study on TQM in College Education," *Journal of the Korean Society for Quality Management,* 32(4), 103–112.

Kim, H. W., and Jung, I. J.(2001), "A Study on Vitalization of the Activities of Online Shopping Mall in Quality Review on the TQM Literature appeared in KSQM 57 Management System," *Journal of the Korean Society for Quality Management,* 29(2), 54–75.

Kim, H. W.(2010), "Effect Analysis and Effective Responsive Measures of ISO 26000 Global Standard Establishment and Its Implementation in Korea," *Journal of the Korean Society for Quality Management,* 38(2), 236–247.

Kim, J. H.(2003), "A Study on the Effects of Rewards Factors on performance of TQM," *Journal of the Korean Society for Quality Management,* 31(4), 64–80.

Kim, J. H.(2004), "A Study on the Effects of ISO 9001 Certification Factors on Performance of service Quality and Customer Satisfaction," *Journal of the Korean Society for Quality Management,* 32(4), 64–77.

Kim, J. J., Jang, J. S., and Kim, W. J.(1992), "Cost Analysis and Period Determination in Stepdown Warranty Policy," *Journal of the Korean Society for Quality Management,* 20(1), 39–47.

Kim, J.(1998), "Experiential Traning in TQM," *Journal of the Korean Society for*

Quality Management, 26(3), 17–30.

Kim, J. H.(1977), "A Study on the Role of Statistics in Industrial Mass Production – Standardization · Production · Inspection(in Korean)," *Journal of the Korean Society for Quality Management,* 5(2), 3–20.

Kim, M. S., and Oh, G. T.(1998), "A Hypothesis Test under the Generalized Sampling Plan," *Journal of the Korean Society for Quality Management,* 26(4), 79–87.

Kim, S. K., Shin, S. H., Lee, Y. S., and Chung, T. Y.(2005), "A Study on Establishing a ISO 9001 Quality Management System using Information Technology," *Journal of the Korean Society for Quality Management,* 33(2), 13–21.

Kim, S. I., and Cho, J. Y.(2004), "Designing and Implementation of a Web–based Expert System for the TQM," *Journal of the Korean Society for Quality Management,* 32(2), 168–190.

Kim, T. K., and Kim, M. J.(2014), "A Study on the Bayes Estimation Application for Korean Standard –Quality Excellence Index(KS–QEI)(in Korean)," *Journal of the Korean Society for Quality Management,* 42(4), 747–756.

Kim, T. K., and Hyun, O. S.(2009), "Performance Analysis for Supply Chain Quality Management," *Journal of the Korean Society for Quality Management,* 37(1), 69–79.

Kim, W. J., and Lee, K. H.(1987), "Optimal Warranty Period for Repairable Goods," *Journal of the Korean Society for Quality Management,* 15(1), 13–19.

Kim, W. C., and Kim, S. H.(1982), "A Study on Optimal Sampling Acceptance Plans with Respect to a Linear Loss Function and a Beta–binomial Distribution," *Journal of the Korean Society for Quality Control,* 10(2), 25–33.

Kim, Y. K., and Park, Y. T.(2001), "An Empirical Study on the Difference in

Management Performance of Small and Medium Size Companies Due to the Types of ISO 9000 Quality Management Systems Certification Agencies," *Journal of the Korean Society for Quality Management,* 39(2), 179–187.

Kim, Y. K., and Park, B. H.(1987), "A Study on the Quality Control System for Manufacturing Industry of Jeon–buk Area," *Journal of the Korean Society for Quality Management,* 15(1), 33–46.

Kim, Y. S., and Yoon, J. H.(2004), "The Effect of the Organizational Leadership and Corporate Culture Types, ISO 9001 Systems, the Quality Culture Formation on the Corporate Performance," *Journal of the Korean Society for Quality Management,* 32(2), 37–58.

Kwon, B. G., Yun, W. Y., and Kim, H. G.(2006), "Effect Analysis of Certification of ISO 9000 Quality management System," *Journal of the Korean Society for Quality Management,* 34(2), 1–11.

Kwon, H. I., and Lim, N. J.(1995), "Feasibility Study on the Application of Quality Assurance in Research and Development," *Journal of the Korean Society for Quality Management,* 23(1), 74–94.

Kwon, Y.(2006), "The Moderated Effect of Quality Managemnt Program on the Efforts of Quality Management to Performance," *Journal of the Korean Society for Quality Management,* 34(3), 41–50.

Kwon, Y. I.(1997), "A Comparative Survey on Quality Management Activities of Each Industry to Strengthen Competitive Power of Small–medium Companies," *Journal of the Korean Society for Quality Management,* 25(4), 154–166.

Kwon, Y. I.(2000), "A Bayesian Burn–in procedure Guaranteeing Outgoing Quality of a Product," *Journal of the Korean Society for Quality Management,* 28(4), 67–74.

Lee, E. Y., and Kim, H. G.(1994), "Optimization of a Model for an Inventory with

Poisson Restocking –Optimization of an Inventory Model," *Journal of the Korean Society for Quality Management,* 22(1), 214–218.

Lee, G. H.(2006), "An Empirical Study on the Effectiveness of ISO 9000/14000 Registered Companies in Korea," *Journal of the Korean Society for Quality Management,* 34(2), 98–106.

Lee, H., and Jeong T.(1995), "Systematic Quality Assurance Activity for TDX–1–ISDN Switching System," *Journal of the Korean Society for Quality Management,* 23(1), 127–141.

Lee, H. S., Choi, Y. J., and Kim, Y. R.(2007), "A Study on the Influence of ISO 9001 Quality Management System on Employee's Satisfaction," *Journal of the Korean Society for Quality Management,* 35(4), 16–25.

Lee, J. H., Yu, S. J., and Park, S. C.(2001), "Design of Intelligent Material Quality Control System Based on Pattern Analysis Using Artificial Neural Network(in Korean)," *Journal of the Korean Society for Quality Management,* 29(4), 38–53.

Lee, J. K.(2004), "An Empirical Study on the ISO 9000 Follow–up Management Practices of Korean Small Enterprises," *Journal of the Korean Society for Quality Management,* 32(4), 78–91.

Lee, J. K., Yoo, H., and Lee, Y. S.(2003), "A Study on TQM Implementation for 'S' College," *Journal of the Korean Society for Quality Management,* 31(2), 69–81.

Lee, J. K., and Yoo, H.(2004), "A Study on Improving the Competitiveness of the Small & Medium–sized Company by TQM Survey," *Journal of the Korean Society for Quality Management,* 32(3), 94–108.

Lee, J. H., and Roh, H. B.(2007), "A Simple Model for Evaluating product Liabilty Activities," *Journal of the Korean Society for Quality Management,* 35(4), 101–110.

Lee, K. I., and Kim, J. H.(2011), "A Study on Quality Assurance in Auto–parts research & Development Stage with APQP and DFSS," *Journal of the Korean Society for Quality Management,* 39(1), 131–140.

Lee, K. S.(1997), "Analysis of Difference Between QS–9000 and ISO 9000," *Journal of the Korean Society for Quality Management,* 35(1), 17–30.

Lee, K. S., and Choi, J. J.(1998), "An Application of Concurrent Engineering in Korean Manufacturing Industry for TQM," *Journal of the Korean Society for Quality Management,* 26(4), 219–238.

Lee, K. S., and Chung, K. S.(2010), "Suggestions for Korean Quality Award Operation System Through Benchmarking National Quality Award Systems in Asian Countries," *Journal of the Korean Society for Quality Management,* 38(2), 202–211.

Lee, K. S., and Lee, M. K.(1995), "ISO 9000 Registration in Chemical Industry, Problems, Solutions and Case Studies," *Journal of the Korean Society for Quality Management,* 23(1), 106–114.

Lee, M. P.(2003), "A Study on the Quality Management Status and performance Recognition of Enterprises," *Journal of the Korean Society for Quality Management,* 31(3), 37–61.

Lee, M. S., and Lee, Y. H.(2002), "An Effective Supplier Selection Model for e–Business & ISO 9001 System," *Journal of the Korean Society for Quality Management,* 30(4), 15–25.

Lee, M. Y., Chung, K. S., and Kim, J. S.(2008), "The Effects of TQM Factors on Business Results between Korean and Japanese Manufacturing Companies," *Journal of the Korean Society for Quality Management,* 36(1), 20–30.

Lee, S. J., and Byun, J. H.(2004), "A Study on the Evolutionary Process of Aircraft Production Quality management System," *Journal of the Korean Society for Quality Management,* 32(3), 166–181.

Lim, N. J., and Kim, N. J.(1996), "Study on the Effects of ISO 9000 Quality

Assurance Systems in Korean Industry," *Journal of the Korean Society for Quality Management,* 24(2), 87–101.

Lim, Y. B., Kim, S. I., Ree S. B., Jang, D. H.(2016), "Literature Review on the Statistical Method in KSQM for 50 Years," *Journal of the Korean Society for Quality Management,* 44(2), 246–264

Mayer, J. W. and Rowan, B.(1977), "Institutionalized Organizations, Formal structure on myth and ceremony," *American Journal of Sociology,* 83(2). 340–363.

Moon, J. O., and Jang, J. S.(2009), "In Existing Six Sigma Lean Productive Methods Grafting one Lean Six Sigma Propulsion Methodologies," *Journal of the Korean Institute of Plant Engineering* 14(3), 83–90.

Moon, J. O.(2015), "A Study on Effective Deployment Method of Lean Six Sigma Actions for Management Innovation," *Asia–Pacific Journal of Business Venturing and Entrepreneurship* 10(5), 63–71.

Moon, J. O., Yoon, S. P.(2016), "Literature Review of Key Success Factors of Management Innovation Actions in Domestic - Focused on Six Sigma, TQM, Lean Six Sigma, ERP, TPM, BPR, Project Management, System Engineering," *Journal of the Korean Society for Quality Management,* 44(3) 639–648.

Nagaraja, R. K. M., Varadarajan, Y. S., Raghuveer, P.(2014), "Quality Improvement during Cam Shaft Key way Tightening using Shainin Approach," *International Journal of Scientific and Research Publications,* Volume 4, Issue 7, 1–5.

Oh, S. J.(1997), "Quality Management and Competitive Strategy," *Journal of the Korean Society for Quality Management,* 25(2), 60–82.

Oh, S. Y.(2010), "A Study of Organizational Learning as a Corporate Competency on the Mediate Effect between Quality Management and Business Performance," *Journal of the Korean Society for Quality Management,*

38(1), 20–33.

Park, D. J., Kim, H. G., and Yun, W. Y.(2007), "Research Trend and future of ISO 9000 Quality Management System, Literature Review," *Journal of the Korean Society for Quality Management,* 35(3), 1–20.

Park, J. Y., Oh, S. J., and Kim, S. W.(2011), "Causal Relationship of Infra, Process and Firm Performance on Supply Chain Quality Management," Journal of the Korean Society for Quality Management, 39(4), 464–479.

Park, M. J., and Kim, J. Y.(2014), "Cost Analysis on Warranty Policies Using Freund's Bivariate Exponential Distribution," Journal of the Korean Society for Quality Management, 42(1), 1–14.

Park, R. G., and Lee, S. H.(2006), "An Empirical Study on the Operation of Quality Management," Journal of the Korean Society for Quality Management, 32(4), 274–285.

Park, Y. T., and Song, H. K.(1998), "Criteria for Quality Award and Management of Management Quality," Journal of the Korean Society for Quality Management, 26(2), 82–92.

Raunak, G., Verma, P. L., Ashish, M., Lokesh, B.(2016), "Simplifying Six Sigma Methodology Using Shainin D.O.E," *International Journal of Advance Engineering and Research Development,* Vol 3, Issue 3, 364–368

Ree, S, B.(1997), "Protection and Defence of Manufacturing Company for Production Liability Law," *Journal of the Korean Society for Quality Management,* 25(4), 140–153.

Rho, B. H., and Park, Y. S.(1999), "A Study on the Impact of Strategic Quality Management and Business Performances in Korea," Journal of the Korean Society for Quality Management, 27(1), 1–17.

Ryu, J., Kim, Y. S., and Suh, W. (2003), "A Study on the Comparison of CMM and ISO 9001 for Software Process Improvement," Journal of the Korean Society for Quality Management, 31(1), 76–89.

Seo, S. K.(2014), "Two-Dimensional Assessment for Measurement System Analysis(in Korean)," Journal of the Korean Society for Quality Management, 42(4), 607–616.

Shainin, D., Shainin P. D.(1990), "Analysis of Experiments," *ASQC Quality Congress Transactions*, San Francisco, 44, 1071–1077.

Shainin, R. D.(1993), "Strategies for Technical Problem-solving," *Quality Engineering*, 5(3), 433–448.

Shainin, R. D.(2008), "How Lean Is Your Six Sigma Program?," *Six Sigma Forum Magazine,* 7(4), 42–45.

Shainin, R. D.(2012), "Dorian's Statistical Engineering," *ASQ's World Conference on Quality and Improvement*, Vol. 66, 1–17.

Shin, Y. B., Kim, W. J., and Kim, Y. K.(1979), "A Survey and Improving Competitiveness for Exporting Products," *Journal of the Korean Society for Quality Management,* 7(1), 15–25.

Shin, Y. B.(1981), "A Review on the Problems and Effective Implementation for Quality Management in Small and Medium sized Companies," *Journal of the Korean Society for Quality Management,* 9(2), 37–43.

Shin, Y. B.(1990), "A Study of the Effective Approach Method for Median Control Chart of Non-Normally Distributed Process," *Journal of the Korean Society for Quality Control,* 18(1), 55–64.

Srinivasan, B.(2015), "Multi-response optimisation using Grey relational analysis and Shainin Methodology design of experiment," *International Journal Quality Engineering and Technology,* Vol. 5, No.1, 57–78.

Stefan, H., Steiner, R., Jock, M. K., John S. R.(2008), "An overview of the Shainin systemTM for Quality Improvement," *Quality Engineering*, 20, 6–19.

Steven, C., John, G., Apostolos, K.(2013), "Concise process improvement definition with case studies," *International Journal of Quality &*

Reliability Management, Vol. 30, No. 9, 970–990.

Suh, C. J., and Kim, J. H.(1999), "An Empirical study on Factors that determine on Success Factors of TQM Implementation," *Journal of the Korean Society for Quality Management,* 27(3), 1–16.

Suh, C. J., and Kim, J. H.(2000), "An Empirical study on Factors for Effective TQM Education," *Journal of the Korean Society for Quality Management,* 28(3), 68–81.

Suh, C. J., and Hwang, H. M.(2011), "Key Factors for Invigorating Customer Satisfaction Management from TQM Perspective," *Journal of the Korean Society for Quality Management,* 39(1), 45–56.

Suh, M. A., and Ree, S.(2008), "An Empirical study of Museum Marketing Activation, which Introduced Quality Management," *Journal of the Korean Society for Quality Management,* 21(1), 1–31.

Suh, W. N.(1980), "Sam Woo Trading Company's Case of TQC Implementation, Past, Present, and Future," *Journal of the Korean Society for Quality Management,* 8(1), 37–40.

Suh, Y. H., and Lee, H. S.(1999), "A Study on the Financial Performance of Korean Quality Award Firms in the Stock Market," *Journal of the Korean Society for Quality Management,* 27(3), 51–66.

Sung, S. K., and Han, E. J.(1997), "A Test on TQM Practices in Korean Environmental Pollution Prevention Industry," *Journal of the Korean Society for Quality Management,* 25(4), 1–15.

Suk, J. B., Chung, S. H., and Choi, K.(2013), "TQM Factors and Their Impact on Service Recovery and Service Performance – In Restaurant Settings," *Journal of the Korean Society for Quality Management,* 41(1), 95–108.

Verma, A. K., Srividya, A., Mannika, A. V., Pankhawala, V. A., Rathanraj, K. J. (2004), "SHAININ Method, Edge Over Other DOE Techniques, Proceedings of the Engineering Management Conference," *IEEE*

International, Vol. 3, 1110–1113.

Yoo, C. B.(1995), "A Study on Implementing Difficulties of the ISO 9000 Registration and Surveillance," *Journal of the Korean Society for Quality Management,* 23(4), 113–127.

Yoo, H. J.(1994), "A Study on the Success Factors of TQM," *Journal of the Korean Society for Quality Management,* 22(1), 33–53.

Yoo, H. J.(1997), "A Study on the Applicability of TQM to Health care Sector," *Journal of the Korean Society for Quality Management,* 25(4), 16–26.

Yoo, H. J.(1998), "TQM Activities Evalution (TAE) Model by the Traditional Scoring System and the Efficiency Measuring System," *Journal of the Korean Society for Quality Management,* 26(3), 100–107.

Yoo, H. J.(1999), "A Comparison of Traditional Scoring System with the Efficiency Measuring System for Evaluating the TQM," *Journal of the Korean Society for Quality Management,* 27(2), 47–56.

Yoo, H. J.(2001), "A Conformance Rating Model for the Organizational Culture to TQM Strategy and Tools," *Journal of the Korean Society for Quality Management,* 29(2), 29–36.

Yoo, H. J.(2004), "A Study on the Efficiency of TQM Activities in Service Sector," *Journal of the Korean Society for Quality Management,* 32(4), 92–102.

Yoo, H. J.(2003), "A Comparative Study on TQM Education between Manufacturing and Service Companies in Korea," *Journal of the Korean Society for Quality Management,* 31(4), 55–63.

Yoon, S. H.(1980), "TQC in Plant Engineering," *Journal of the Korean Society for Quality Management,* 8(2), 29–37.

Yoon, S., Park, J., and Shin, Y.(1997), "A Development Methodology for Quality Assurance System in Large-Scale Software Development Project," *Journal of the Korean Society for Quality Management,* 25(1), 142–155.

[단행본]

김강희(2013), The PCB, 서울, 복두출판사

이민화(2017), **대한민국의 4차 산업혁명**, 서울, 창조경제연구회

이상복(2004), **품질이야기**, 서울, 이레테크

이순룡(2013), **현대품질경영**, 파주, 법문사

이종설(2015), 개인 수준의 디커플링, 혁신행동, 혁신저항 -Six Sigma 방법론의 집합적 실행 상황을 중심으로, 경영학박사 학위논문, 가천대학교

최윤식(2012), **미래학자의 통찰법**, 서울, 김영사

김형태(2018), 빅 데이터 기반의 데이터 마이닝 기법을 활용한 품질혁신 방법론 연구, 경영학박사 학위논문, 서경대학교

Arvind A. (2016). *Architecture for Industry 4.0 based Manufacturing Systems.* Degree of Master of Science in Robotics. School of Computer Science Carnegie Mellon University.

A.V. Feigenbaum, (1956) *Total Quality Control,* Harvard Business Review.

A.V. Feigenbaum, (1983) *Total Quality Control,* 3rd ed., McGraw-Hill

H.D. Seghezzi, (1981) *"What is Quality Conformance with Requirements or Fitness for the intended Use?,"* EOQC Quality

Jared P. Lander(2018), **데이터 과학 입문자를 위한 R 설치부터 패키지 개발까지 R로 시작하는 데이터 과학**. 서울, 에이콘.

John Wiley & Sons Inc(2015), *Data Science and Big Data Analytics Discovering, Analyzing, Visualizing and Presenting Data.* New York, EMC Education Service.

J.M. Juran & F.M.Gryna,Jr(1993) *Quality Planning and Analysis,* 3rd ed, McGraw-Hill

Klaus Schwab (2016), *4th Industrial Revolution.* New York, Crown Business.

Klaus Schwab (2016), **클라우스 슈밥의 제4차 산업혁명**, 서울, 새로운현재

K.R. Bhote, A.K. Bhote., (2000). *World class quality using design of experiments to make it happen* – second edition, New York, AMACOM.

Philip B. Crosby(1979), Quality is Free: The Art of Making Quality Certain, New American Library

Shainin, R.D., (2007). *Multi–Vari Charts. Encyclopedia of Statistics in Quality and Reliability.* London: Wiley.

[On-line]

http://www.eco.de/2014/pressemeldungen/eco–wirtschaft–ohne–orientierung–bei–industrie–4–0.html

Naver. "데이터과학" https://terms.naver.com/entry.nhn?docId=1691563&cid=42171&categoryId=42183

Naver. "CPS." Last modified on 23 October 2017, at 22:11. http://terms.naver.com/entry.nhn?docId=3474865&cid=58439&categoryId=58439.

Naver. "MBB." Last modified on 23 October 2017, at 22:11. http://terms.naver.com/entry.nhn?docId=2079499&cid=50305&categoryId=50305.

Naver. "IoT." Last modified on 23 October 2017, at 22:11. http://terms.naver.com/entry.nhn?docId=3478265&cid=58439&categoryId=58439

Naver. "Smart Factory." Last modified on 23 October 2017, at 22:11. http://terms.naver.com/entry.nhn?docId=3548875&cid=42346&categoryId=42346

Naver. "M2M." Last modified on 23 October 2017, at 22:11. http://terms.naver.com/entry.nhn?docId=3338582&cid=42346&categoryId=42346

Naver. "Smart Product." Last modified on 23 October 2017, at 22:11.

http://terms.naver.com/entry.nhn?docId=3482568&cid=58439&categoryId=58439

Naver. "Big Data." Last modified on 23 October 2017, at 22:11. http://terms.naver.com/entry.nhn?docId=1691554&cid=42171&categoryId=42183

Naver. "What is Big Data?" Last modified on 25 October 2017, at 11:47. http://terms.naver.com/entry.nhn?docId=3386304&cid=58370&categoryId=58370

Wikipidia. "Dorian Shainin." Last modified on 18 March 2017, at 13:11. https://en.wikipedia.org/wiki/Dorian_Shainin

통계적 사고 중심의 경영혁신

2018년 10월 24일 | 초판 인쇄
2018년 10월 25일 | 초판 발행

지 은 이 | 김강희
발 행 인 | 김은중
발 행 처 | 서울경제경영출판사
북 디 자 인 | (주)우일미디어디지텍

주 소 | 03767 서울특별시 서대문구 신촌로 205, 506호
전 화 | 02)313-2682
팩 스 | 02)313-8860

등 록 | 1998년 1월 22일 제5-63호

ISBN 979-11-6282-041-4 93320 정가 12,000원